ドラッカー、ポーター、コトラーから、
「ブルー・オーシャン」「イノベーション」まで

最強の「ビジネス理論」集中講義

MANAGEMENT THEORY

INTENSIVE LECTURE

安部徹也
Tetsuya Abe

日本実業出版社

はじめに

　いまやビジネスを取り巻く環境は日に日に厳しさ増し、私たちビジネスパーソンは成果を上げるために激しい競争を勝ち抜かなければいけない時代となりました。
　かつてのように経済が順調に成長している時代では、日々増えていく仕事に対応するだけで成果は簡単に上がりましたが、経済自体が成熟期を迎えたうえに、ビジネスがグローバル化した現代では、これまで経験したことのない問題を自分の頭で解き続けなければ成果が上がらない時代になった、といっても過言ではないでしょう。

　このような状況において、いま企業が求めている人材は、どんな環境でも期待以上の成果を上げ続けるビジネスのプロフェッショナルです。
　プロ野球やプロサッカーの選手が華麗なプレーで監督やファンの期待に応えるように、プロフェッショナルなビジネスパーソンも、経営陣や顧客の期待を上回る働きを実現しなければ、活躍の場は与えられない時代なのです。

　ただ、多くのビジネスパーソンは、プロという自覚をもてず、日々迫りくる仕事に対応するのが精一杯というのが現実かもしれません。
　ビジネスのプロとして成果を上げるためには、「ビジネス理論」というビジネスのルールをマスターし、大局観をもったうえで日々の仕事に取り組む必要があります。
　そのような意味で、ビジネスを長年研究し、ビジネスの本質に迫った超一流の先生の教えは何にも変えがたい価値があります。

　皆さんの中にはこれまでに、ドラッカー教授などの分厚い書籍を読破して、ビジネスの成果につながる理論を身につけようと、果敢にも挑戦を試

みた人も多いのではないでしょうか？

　何を隠そう、私自身もそのうちの１人です。

　ところが、超一流の教授陣の教科書はあまりに難解で、どう自分のビジネスに活かせばいいのか見当もつかなかった人が多いと思います。
　本書では、そんなビジネスに役立つドラッカー教授やポーター教授、コトラー教授などの理論のエッセンスを他のさまざまなフレームワークと組み合わせて、すぐにでも実践できるようにわかりやすくお伝えしていきます。

　教授の口から語られる言葉は一部の引用を除き、あくまでフィクションですが、私が主宰する延べ８万人を超える『１日３分MBA講座』の受講生から反響の大きかった戦略や、私自身がビジネスの実践で活用して有益だったフレームワークを、超一流の教授陣の理論を実行に移すうえでの補足として取り上げています。
　これまで数多くのビジネスパーソンの成果の向上に役立ってきたので、皆さんのビジネスにおいても、きっと何かしら現状をブレイクスルーするヒントがあるに違いありません。

＊

　おっと、前置きが長くなっているあいだに、そろそろ夢のビジネススクールが始まる時間がやってきたようです。
　それではあなたと一緒に、ビジネスで成果を上げたいと悩んでいるあるサラリーマンの夢の中を垣間見ていくことにしましょうか……

時間割

ドラッカー、ポーター、コトラーから、
「ブルー・オーシャン」「イノベーション」まで

最強の「ビジネス理論」集中講義

はじめに

もしも超一流の教授陣が、ビジネスで成功を収めるために欠かすことのできない、体系化された理論を教える夢のようなビジネススクールがあったら……　········ 009

1 時間目

ドラッカー教授に学ぶ
「ビジネスの基本」

Section 1　ビジネスの目的を明確化する
ビジネスはお金儲けのためだけにあらず ················ 016

Section 2　目的を具体的な目標に落とし込む
企業のビジョンが世の中を変えていく ················ 022

Section 3　目的・目標が達成できる環境かどうか調べる
将来の予測なくして成果を得るのはむずかしい ······ 027

Section 4　自らの強みを発見して超一流に育てる
武器を持たずに戦って勝てるはずもない ············· 032

Section 5　最も強みの活きる事業領域を選ぶ
勝てないところで勝負してはならない ··············· 037

1時間目のまとめ ········ 042

Drucker

2時間目

ポーター教授に学ぶ
「競争に勝つための戦略」

Section 1 事業の収益性を分析する
利益の善し悪しは「業界」で決まる!? ················ **046**

Section 2 独自のビジネスモデルを構築する
価値あるプロセスを見つけ、
ビジネスモデルを考えよう ···················· **053**

Section 3 適切な事業戦略を選ぶ①差別化戦略
差別化できるのは製品ばかりではない ·········· **058**

Section 4 適切な事業戦略を選ぶ②コスト・リーダーシップ戦略
他社よりも低コストを実現することを目指す ········· **065**

Section 5 適切な事業戦略を選ぶ③集中戦略
競合のいない市場で自社の強みに特化する ········ **071**

2時間目のまとめ ········· **076**

Porter

3時間目

コトラー教授に学ぶ
「売れる仕組みの構築法」

Section 1　マーケティングリサーチを実施する
顧客、競合、自社を知ることから始める **080**

Section 2　ターゲット顧客を設定する
狙うべき市場を決めて競合との争いを避けよう **087**

Section 3　顧客の望む製品を開発する
「こんな製品を待っていた！」と思わせよう **095**

Section 4　適切な価格を設定する
プライスを工夫して心理的ハードルを下げる **099**

Section 5　効果的なプロモーションを展開する
プロモーションとは、
購入までのストーリーをつくること **106**

Section 6　適切な流通網を築く
売上機会を逃さないためには
プレイス（場所）も重要 **112**

3時間目のまとめ **118**

Kotler

4時間目

キム教授とモボルニュ教授に学ぶ
「競争のない市場の開拓法」

Sectiaon 1 ブルー・オーシャン戦略を検討する
差別化と低コスト化は同時に実現できる!? ------------ **122**

Section 2 非顧客の共通するニーズを把握する
顧客より非顧客にこそ目を向けよう --------------------- **127**

Section 3 ブルー・オーシャンにつながるビジネスアイデアを考える
「6つのパス」と「4つのアクション」を
利用しよう --- **132**

Section 4 顧客が買わずにはいられない価格帯を発見する
新製品の投入時には
インパクトのある価格が必要 -------------------------------- **143**

Section 5 ブルー・オーシャン戦略の実現性を最終チェック
再び戦略キャンバスで価値曲線を描こう ---------------- **152**

4時間目のまとめ ---------**158**

Kim　　Moborunyu

5時間目

ロジャーズ教授とムーア氏に学ぶ
「イノベーションの普及法」

Section 1　イノベーションを理解する
持続的な成長のためには
新しい価値の提供が不可欠 **162**

Section 2　実際にイノベーションを起こす
イノベーションは
「7つの機会」から起こしていく **167**

Section 3　イノベーションを普及させる
"消費の主役"に応じて
マーケティングを変える **179**

Section 4　キャズムを越えて、持続可能な成長を実現する
イノベーションの普及には
ニッチ市場も攻めよう **186**

5時間目のまとめ **192**

Rogers　　Moore

夢のビジネススクールの講義を終えて…… **195**

おわりに

もしも超一流の教授陣が、
ビジネスで成功を収めるために
欠かすことのできない、
体系化された理論を教える
夢のようなビジネススクール
があったら……

ある夜、僕は不思議な夢を見た。

そう、きっと夢に違いない。

だって、そんなビジネススクールはこの世のどんな場所を探しても見当たらないのだから……

僕はとある企業に勤める普通のサラリーマン。

　所属する部署で最近サブリーダーに任命されたものの、やることなすこと初めてのことだらけで、とまどう毎日。
　上司にあたるリーダーは、海外のトップビジネススクールでＭＢＡを取得したバリバリのエリートで、組織をマネジメントする理論を手取り足取り教えてくれるものの、これまで現場レベルの知識しかない僕には理解することがむずかしく、上司の期待にも応えられていないのが現状だった。

　与えられた役割に対して期待に応える成果を上げるためには、ビジネスを全体から見渡せるような体系的なビジネス理論が必要不可欠になる。

　そこで僕は、会社や上司の期待に応えられていないもどかしさを何とか解消しようと、海外の著名な教授の理論が書かれた教科書をむさぼるように読破した。
　高度なマネジメントスキルを身につけて、ビジネスの世界で思う存分活躍したいと心から願ったのだ。

　そんな想いが夢に現われたのかもしれない……

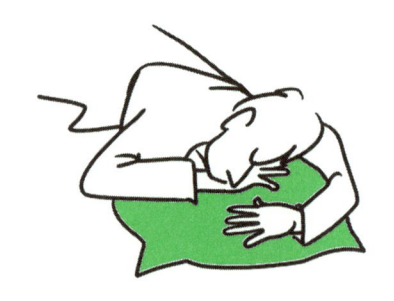

ドリーム・ビジネススクールへ
ようこそ！

　そのとき僕は、緑あふれるアメリカのビジネススクールのキャンパスにいた。
　芝生の上でアメリカ人のクラスメートと交わす話題は、インターネットを活用していかに短期間で売上を急成長させて上場まで導くかというビジネスモデル。

　議論も半ばで盛り上がりを見せかけたちょうどそのころ、クラスの始まりを知らせるチャイムが鳴った。
　僕は白熱したディスカッションの余韻を楽しむ間もなく、急いでクラスルームに駆け込んだ。
　そして、息を弾ませながら着席すると、さっそく今日の集中講義の概要を確認した。

　このビジネススクールでは、各分野で超一流の教授陣から直接ビジネスで成果を上げるための戦略を学ぶことができるのだ。

1時間目はドラッカー教授による「ビジネスの基本」を学ぶクラス。ビジネスを行なう目的や目標を明確化するミッションとビジョン、それを達成するための自社を取り巻く環境の分析法、全社レベルで効率的に目標を達成する戦略を学べる講義だ。

　2時間目はポーター教授による「競争に勝つための戦略」を学ぶクラス。この講義では、激しい競争を勝ち抜くために、収益力の高い業界を見抜く分析法、独自のビジネスモデルを構築して競争優位を築く施策、競争を勝ち抜く３つの基本戦略が学べる。

　3時間目はコトラー教授による「売れる仕組みの構築法」を学ぶクラス。この講義では、マーケティングリサーチを通して自社の強みの活きるターゲットを設定し、ターゲット顧客のニーズを踏まえた製品開発や価格設定、プロモーションや流通機会を提供して売上を最大化させるマーケティング戦略が学べる。

　4時間目はキム教授とモボルニュ教授による「競争のない市場の開拓法」（ブルー・オーシャン戦略）を学ぶクラス。競争のない市場を創り出すために重要な考え方にはじまり、独特なターゲットの設定法、プロダクトコンセプトやビジネスモデルの構築法、常識を打ち破る価格設定やコスト削減法に至るまで、これまでのビジネスの概念を打ち破った新たな戦略が学べる。

　5時間目はロジャーズ教授とムーア氏による「イノベーションの普及法」を学ぶクラス。企業は、マーケティング戦略やブルー・オーシャン戦略を駆使して常に新たな価値を社会に対して与え続けなければならないが、いくら新製品を開発したとしても、それを一般に普及させなければ意味のないものとなる。

集中講義の概要

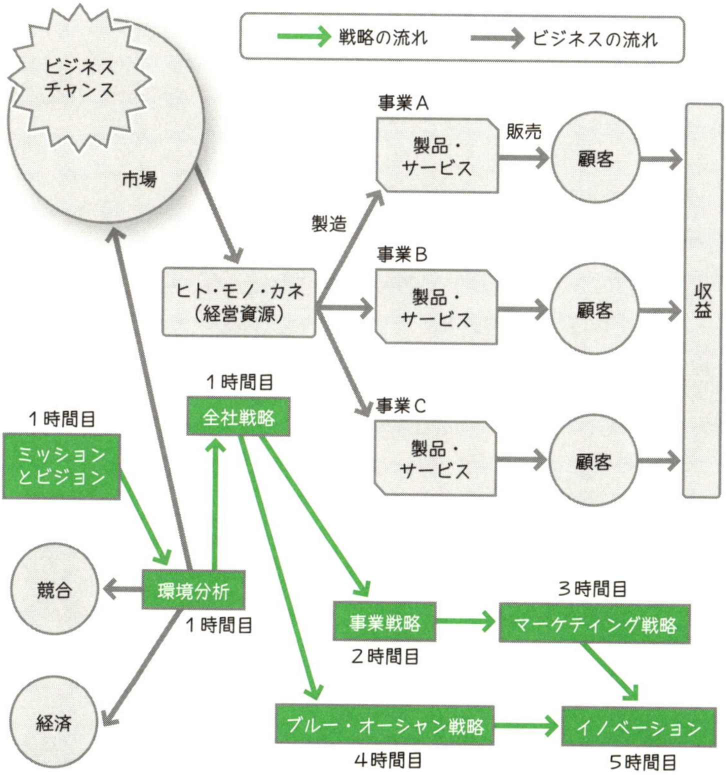

戦略の流れ
ビジネスの流れ
ビジネスチャンス
市場
事業A
製品・サービス
販売
顧客
製造
事業B
製品・サービス
顧客
収益
ヒト・モノ・カネ（経営資源）
1時間目
全社戦略
事業C
製品・サービス
顧客
1時間目
ミッションとビジョン
競合
環境分析
1時間目
事業戦略
2時間目
3時間目
マーケティング戦略
経済
ブルー・オーシャン戦略
4時間目
イノベーション
5時間目

担当講師

1時間目：「ミッションとビジョン」「環境分析」「全社戦略」P. F. ドラッカー教授
2時間目：「事業戦略」M. E. ポーター教授
3時間目：「マーケティング戦略」フィリップ・コトラー教授
4時間目：「ブルー・オーシャン戦略」W・チャン・キム教授、レネ・モボルニュ教授
5時間目：「イノベーション」エベレット・ロジャーズ教授、ジェフリー・ムーア氏

そこで、イノベーションによって生まれた新製品を広く社会に浸透させるために、さまざまなタイプの消費者グループを理解して、適切なマーケティング戦略を駆使する方法を学べる講義だ。

　今日、僕が受ける集中講義は、ビジネスで成果を上げるうえでカギとなる数々の戦略を、各分野の第一人者から学べるものだが、単に夢のような教授陣が一堂に会したプログラムというだけではない。このプログラムには、"戦略の一貫性"という他にはない特徴がある。
　戦略が効果を発揮するには、ミッションやビジョンの達成という最終的なビジネスのゴールに向かって各戦略が寸断されないことが重要だが、このプログラムでは、整合性（ストーリー性）を踏まえて、経営戦略のエッセンスを学べるのだ。

　こんなビジネススクールは、世界中どこを探しても見つからないだろう。

＊

　1時間目の担当講師は"経営の神様"と呼ばれるP. F. ドラッカー教授だ。
　僕はこれからまさに始まろうとしている夢のようなプログラムを前に、高鳴る気持ちを抑えきれずに講義の開始を待っていた。
　そうこうしているうちに、ドラッカー教授がドアを開けて現われた。
　そして、ゆっくりとした動作で教壇の前に立つと1時間目の講義が始まった……

1時間目

ドラッカー教授に学ぶ
「ビジネスの基本」

> 皆さん、こんにちは。1時間目を担当するドラッカーです。私の講義では、ビジネスを開始するにあたって、正しいスタートを切り、期待する成果を上げるための基本的な考え方を学んでいきます。
>
> まずは、事業を行なう目的や具体的な目標設定の仕方、それから、環境分析を通して自社の強みや事業領域を決定し、経営資源を効率的に活用する方法についてお伝えしていきます。では、さっそく講義に入っていきましょう。

Drucker

P. F. ドラッカー
オーストリアの裕福な家庭で生まれ、フランクフルト大学を卒業後、経済記者、論説委員として活躍。ナチス・ドイツを批判する論文を発表した影響で、イギリスに移住した後にアメリカに渡った。アメリカでは、ニューヨーク大学教授などを経て、クレアモント大学院大学教授に就任。ビジネスだけでなく、政治や経済、歴史、哲学など幅広い分野で著書を残した。「マネジメントの父」とも称される。2005年没。

ドラッカー教授に学ぶ

Section 1 ビジネスの目的を明確化する
ビジネスはお金儲けのためだけにあらず

　ビジネスで結果を出すためには、目的認識と目標設定、正しい方向性の努力が重要なポイントになります。

　このことをわかりやすく個人レベルでたとえましょう。
　たとえば、「遊園地で楽しみたい」という自分の目的が明確になれば、「ディズニーランドへ行く」という目標を設定したうえで、「ディズニーランド行きの電車を利用する」という正しい方向性の努力で、当初の目的は達成されるということです。
　もしここで、「国立美術館へ行く」という自分の目的にそぐわない目標を設定したり、たとえ「ディズニーランドへ行く」という目標を設定したとしても、誤った方向の電車に乗ったりすれば、「遊園地で楽しみたい」という目的を達成することは途端にむずかしくなります。

　要は、何事でもスタート段階で、「目的」「目標」「努力の方向性」という3つの要素の整合性がとれていなければ、成功はおぼつかないわけなのです。

ビジネスの目的は「顧客の創造」

　もちろんビジネスにとっても、「スタート」は成否を決める重要なカギを握ります。
　しかし、目的の明確化や目標の設定、そして正しい方向性で努力してい

ビジネスの基本

くことのむずかしさに頭を悩ませるビジネスパーソンは多いでしょう。

そんな人にこそ、この言葉の意味を考えてもらいたいと思います。

「企業の目的は、それぞれの企業の外にある。企業は社会の機関であり、目的は社会にある。したがって、事業の目的として有効な定義は一つしかない。顧客の創造である」[1]

そう、ビジネスとは、社会に対してどのような貢献が果たせるかを考え、顧客に対して常に真摯(しんし)な態度で接して信用を重ね、安心して何度も利用してもらえる"真の顧客"を創造していくプロセスなのです。

そして、顧客の創造という観点からビジネスを展開していくことが、正しいスタートラインであり、企業の進むべき正しい道ということになります。

ビジネスの大半がうまくいかない理由は、この目的や目標、努力の方向性を理解することなく、「ビジネスはお金儲け」という誤った考えを掲げてスタートし、誤った道に進んでいくところにあるのです。

企業は、利益を追求することを目的にビジネスを展開するのではなく、社会に価値あるものを提供することを目的にして、その目的が本当に達成できているかどうかを、利益という数字で検証していくことが必要なのです。

POINT

ビジネスの目的は利益の追求ではない。社会に価値を提供して顧客を創造していくことが目的となる。利益はビジネスの結果としてモニターしていくべきもの。

企業にとって利益は目的として追求するものではなく、社会的に価値を提供した"ご褒美"と考えればいいでしょう。

[1] P. F. ドラッカー著『経営の哲学』(ダイヤモンド社) より。

結局、売上というお金は顧客の財布からしか得られないことを考えれば、自社の利益を二の次にして、顧客のために悩みや欲求を解消する価値ある商品やサービスを提供するという真摯な姿勢で望むことが、たくさんの"ご褒美"をいただけるかどうかを決定づけるといえます。

　顧客側からみれば、自分のために何かをしてもらう見返りとして大事なお金を支払うのであり、企業の利益のためにお金を支払いたいと思う顧客は皆無に等しいでしょう。

　つまり、顧客を第一に考えることによって、顧客からの信用を勝ち取って、結果として好業績を長く維持することもできるわけです。

　事業を行なうにあたって顧客のことを第一に考えることは、ビジネスの基本中の基本といえますが、時として目先の利益に目がくらみ、「顧客第一主義」と口で唱えながら、自社の利益を優先させたい誘惑に駆られてしまうことがあるかもしれません。

　そのような場合には、ビジネスの目的に立ち返って、「どちらの選択がお客様にとって、メリットがあるのか？」という視点から決断を下す必要があります。

　ビジネスパーソンであれば、誰しもビジネスで成功したいと思うのは当然のことです。

　しかし、ビジネスで成功したかどうかは利益や報酬で測れますが、自己の欲求を満たすために、利益や報酬を目的として追求してはならないのです。

　社会や会社に対していかに価値を提供し、信頼を築いていくのかという、ビジネス本来の目的を明確にしたうえでなければ、たとえ一瞬は成功することができても長続きせず、いずれ大きな落とし穴に陥る可能性が高くなるからです。

ミッションを決める際の
3つのポイント

　ビジネスの目的が社会に対して貢献を果たし、顧客を創造することであれば、各企業はその意気込みを何らかの形で表現する必要があります。
　この企業の社会的な存在意義の表明は**ミッション**と呼ばれています。
　ミッションとは、経営理念や社是・社訓、社員に対する行動指針など、企業の経営全体を包括する最も重要な考えを表わしています。
　『世界最強の社訓』の著者であるパトリシア・ジョーンズとラリー・カハナーの定義によると、「ミッションとは、国家の憲法のようなものであり、そのミッションを明文化したミッション・ステートメントは、たんなるスローガンではなく、運営面、倫理面、財政面など、企業活動のあらゆる面における道標となるものであり、企業の目標、ビジョン、姿勢、社風、戦略などを端的に表現した宣言文」[2]なのだといいます。

　この企業にとって経営の柱ともなる重要なミッションを決定する際には、最低でも3つのポイントを押さえて策定することができます。

　まず1つ目は、企業の経営目的を明確にして、自社がなぜこの世に存在しなければならないのかという意義を明らかにすること。
　「自社が社会の中で目指しているのは一体何なのか？」「自社は何を実現するためにビジネスを展開しているのか？」という事業目的を明確にしておかなければならないのです。

　次に2つ目ですが、経営方法や重要な経営方針を明確にしていくことが挙げられます。企業はミッションの実現を目指して、実際に経営を行なっていくことになりますが、その達成方法は決して一つではなく、実にさまざまなアプローチがあります。

[2] パトリシア・ジョーンズ、ラリー・カハナー著『世界最強の社訓』（講談社）より。

たとえば、「ユニクロ」は、「あらゆる人が良いカジュアルを着られるようにする」というミッションを掲げています。

このミッションを実現するために、実にさまざまな方法が考えられます。数多くの選択肢の中から、「ファッション性のある高品質なベイシックカジュアルを市場最低価格で継続的に提供する」という自社に最も適した経営方針を明確にすることで、自社の進むべき方向が、顧客や社員など誰にとっても明らかになるのです。

ユニクロのミッション＆ビジョン

ユニクロは、あらゆる人が良いカジュアルを着られるようにする新しい日本の企業です。

いつでも、どこでも、だれでも着られる、
ファッション性のある高品質なベイシックカジュアルを
市場最低価格で継続的に提供する。

そのためにローコスト経営に徹して、
最短、最安で生産と販売を直結させる。

自社に要望される顧客サービスを考え抜き、
最高の顧客サービスを実現させる。

世界水準の人が喜んで働ける環境を提供し、官僚的でなく、
血のかよったチームとして革新的な仕事をする。

結果として売上と収益の高い成長を目指し、
世界的なカジュアル企業になる。

出典：UNIQLO ユニクロ http://www.uniqlo.com/jp/corp/mission/index.html

最後の3つ目は、社員の行動指針を明示することです。企業は多くの社員が集まった集合体といえますが、各自がバラバラに動いていては一つの組織としてのシナジーを発揮することはできません。

　そこで、社員の行動規範を指し示す**ミッション・ステートメント**があれば、社員はその指針に基づいて行動するようになり、企業として一糸乱れぬ活動につながっていくことになります。

　このようにして策定されたミッションは、原則として不変なものとして、企業がビジネスを展開するうえで長い間受け継がれ、社員の心のよりどころとなります。

　ただ、現代はビジネスにおける環境が激変する場合も多く、この環境変化に対して、会社の維持・存続、発展を図るために、ミッションをつくり変えなければならないケースも十分考えられます。

　企業は一度策定したミッションを、自社を取り巻く環境変化に合わせてつくり直し、思い切った事業変革に取り組めば、たとえ環境変化によって業績が悪化しても再び成功を収めることができます。

　ミッションは、企業の成長ステージに応じて変化させるのが当然といえます。また、経営者の交代があったときなど、新しい経営者の考えを全社員に浸透させるために再構築することもあるでしょう。

　ビジネスで成功を収めるうえで、企業が事業を行なう目的を定義づけたミッションを決定することは、最優先で行なうべき課題といえます。
　明確かつ焦点の定まった共通の使命だけが、組織を一体とし、成果をあげさせるのです。焦点の定まった明確な使命がなければ、組織は直ちに組織としての信頼性を失うことになるでしょう。❸

　それほど、ビジネスをスタートするにあたって、ミッションは重要な役割を果たすことを肝に銘じなければならないのです。

❸ P. F. ドラッカー著『ポスト資本主義社会』（ダイヤモンド社）より。

Section 2　目的を具体的な目標に落とし込む
企業のビジョンが世の中を変えていく

　事業の目的をミッションとして明確化すれば、次にそれを具体的な目標に落とし込まなければいけません。
　このミッションを具体的な目標に落とし込んだものは**ビジョン**と呼ばれています。
　ビジョンとは、"テレビジョン"などが示すように、目に見えるようにすること。ミッションは、企業の経営全体を包括する基本的な考え方なので抽象的なものでもかまいませんが、ビジョンは、より具体的なものでなければなりません。

バラバラのベクトルがビジョンで一つになる

　それでは、なぜ企業にとってこのようなビジョンが必要なのでしょうか？

　企業や組織というのは多くのさまざまな考えをもった人の集まりです。この組織に属する人たちに具体的に目指すべきものがなければ、各自がバラバラに行動してしまい、多くの人が集まる意味を成しません。
　ですから、企業はミッションという事業の目的を具体的な目標であるビジョンに落とし込んで社員全員で共有し、すべての者のベクトルを同じ方向に向かわせる必要が生じてくるのです。
　そして、すべての者がミッションとビジョンによって同じ方向に向かって進むことで、組織としてのシナジーが発揮され、本来1人ひとりの力を

足しただけでは達成できない大きな社会的貢献も、組織として実現することが可能になるわけです。

このような観点からいえば、企業のミッションやビジョンが企業に属する者1人ひとりのミッションやビジョンと重なることが理想的です。この状況が実現されたとき、社員は金銭的な報酬を得るためだけに働くのではなく、自己実現に向けて働くようになり、能力を十二分に発揮できるようになるのです。

そして、日々の仕事が自分の夢を実現することであり、ひいてはそれが企業のビジョンを達成することにつながれば、社員と企業はWin-Winの強い関係で結ばれることになります。

また、事業上のビジョンは、限定された世界のものではあっても、その多くが世の中を変える力をもっています。❹

つまり、企業はビジョンを具体化させることによって社会をよりよいものへと変え、結果として事業の目的であるミッションを達成できることにつながるのです。

POINT
ビジョンで自社の将来あるべき姿をありありと描くことによって、社員の力を結集できる。

このようにビジョンには、社員のエネルギーを集中させる、社員に夢を与える、そして社員のモチベーションを高め、結果的に世の中を変えていくといった重要な役割があります。

ですから、企業の経営者にとってはいかに企業のミッションやビジョンを企業に属する者すべてに浸透させ、やりがいのある仕事を創出して、社員が活き活きと働き、積極的に自らが率先して仕事をつくり出す環境を整えるかが、腕の見せどころとなります。

❹ P. F. ドラッカー著『創造する経営者』（ダイヤモンド社）より。

たとえば、企業によっては、機会あるごとに経営者の口から直接語ったり、朝礼時に社員全員で復唱したりして、全社員にミッションやビジョンを浸透させていく努力を行なっています。

その結果、全社員が行動するための共通の基準を身につけていれば、どんな状況でも迷うことなく、ミッションやビジョンに基づいて自分の頭で考え、行動することができるようになります。そして、社員1人ひとりが自信に満ちた信頼のできる企業として、顧客からの支持を得て、成功に一歩近づくことができるのです。

目標設定には SMARTの法則を活用する

企業にとってビジョンとは、将来のあるべき姿をありありと描くものであり、ビジネスで成功を収めるうえで重要なものです。

そこで、ミッションを明確なビジョンに落とし込む際の基準として、一般的に活用されている **SMARTの原則**というフレームワークがあります。

SMARTとは、5つの基準の頭文字をとったものです。このフレームワークを活用すれば、ビジョンの達成確率を飛躍的に高めることも可能になります。

最初のSは **Specific**。つまり、**具体的である**ということです。ビジョンというのは当面、企業が目指す目的地となるわけですから、具体的にどこを目指すのかを決めなければなりません。さもなければ、社員も何を目指して行動すればいいのかという指針がなくなり、組織として活動するメリットを活かすことができなくなります。

次のMは **Measurable**。つまり、**数値で計測できる**ということになります。ビジョンとして計測できる数値を掲げることによって、達成できたかどうかが明確になり、より組織に属する者すべてのモチベーションを

高めることができるようになるのです。

　続いてのAは **Agreed upon** であり、これは**同意できる**という意味です。ビジョンというのは経営陣からの一方的な押しつけであってはなりません。社員の"同意"を得て初めて効果を発揮するようになります。
　ビジョンは、経営陣はもとより、社員を含めてその組織で働く者すべてが同意し、その目標に対して疑うことなく邁進できるものでなければならないわけです。

　さらに次のRは **Realistic** を表わします。ビジョンは**現実的**でなければならないということ。もしビジョンが到底達成できないと最初からわかるような水準であれば、誰しも目標達成に向けて行動することを躊躇するでしょう。
　社員が思考停止に陥るような、達成が不可能と思える非現実的な目標を掲げるのではなく、ちょっと無理をすれば手の届くようなビジョンを設定することによって、社員の能力を120％引き出し、組織のシナジーを最大限に活かすことが可能になるのです。

　最後のTは **Time bound**。つまり、ビジョンの達成には**期限を設ける**必要があるということ。いくら数字を挙げて具体的なビジョンを策定しても、いつまでに達成するのか、その期日を明確にしておかなければ、社員の誰もが行動に移ろうとはしないでしょう。
　得てして人は期限を区切らずに、いつか達成できればいいという目標に対しては、目標達成に向けての行動を先延ばしにするものです。
　そこで、ビジョンの達成に明確に期限を設ければ、達成期日までに具体的な目標を達成すべく計画を立てて行動に移れるようになります。

　この期日を設定する際には、「ゴールから逆算して考える」という逆算思考が重要になってきます。

かつての米国ITT社の社長兼CEO（最高経営責任者）として58四半期連続増益を遂げたハロルド・ジェニーンによる著書『プロフェッショナルマネジャー』において、同書を解説した柳井正氏（ファーストリテイリングCEO）も、「『経営はまず結論ありき』で、最終的に何を求めて経営していくかを決め、そこから逆算して、結論に至る方法を考えられる限り考え、いいと思う順からまず実行する。そして、実行の足跡と結論を常に比較し、修正していく。そうすれば大概なことはうまくいく」[5]と、ビジネスにおける逆算思考の重要性を述べています。

たとえば、5年後という期限を区切ることによって当面の最終目標をいつまでに達成するかが明確になります。そのうえで、「4年後は何を達成していなければいけないか、3年後は……2年後は……1年後は……、そしていま何をすべきか」というように、時間を遡って活動計画を立てていけば、ビジョンを達成できる確率が飛躍的に高まるというわけです。

ビジョンは、企業に関わるすべての者で共有しなければならないものなので、このようなSMARTという5つの基準で決定していけば、誰にとっても誤解のないすぐれたビジョンを策定できるでしょう。

SMARTの法則

S（Specific）　　　＝**具体的な**
M（Measurable）　 ＝**数値で計測できる**
A（Agreed upon）＝**同意できる**
R（Realistic）　　　＝**現実的な**
T（Time bound）　＝**期日設定のある**

[5] ハロルド・ジェニーン、アルヴィン・モスコー著『プロフェッショナルマネジャー』（プレジデント社）より。

Section 3　目的・目標が達成できる環境かどうか調べる

将来の予測なくして成果を得るのはむずかしい

　企業はミッションやビジョンを決定すれば、それを達成するためにビジネスを展開していくことになりますが、ただ闇雲に活動するなら、その成功確率は低いものとならざるを得ないでしょう。自社を取り巻く環境を十分に分析したうえで、慎重に行動する必要があるのです。

　現代は変化のスピードが速く、1年先でさえ予測するのがむずかしい時代ですが、時の流れに身を任せてビジネスを展開することほど、リスクの高いものはありません。

　もちろん、短い周期で急激な変化を繰り返す現代のビジネス環境に完璧に対応することは容易ではありませんが、何らかの対応策があるはずです。

未来を予測するには2つの方法がある

　ここで、予測が困難な未来を確実に予測するための2つの補完関係にある方法をご紹介しましょう。

　一つは「すでに起こった未来を利用する」ことであり、もう一つは「来るべき未来を自分でつくりだす」ことです。

　まず、「すでに起こった未来を利用する」とは、現状すでに起こった現象から確実に将来起こるべきことを推測するものです。
　経済的、社会的、そして文化的な変化は、時間をおいて他の領域でも関連する変化をもたらします。

たとえば、現在すでに進行している高齢化という社会的な現象は、今後確実に、高齢者を対象にした医療や住居などのシルバービジネスに対する需要が高まり、シルバービジネス関連の事業を展開する企業が増加するという経済的な変化をもたらすはずです。

「すでに起こった未来を利用する」という観点からは、現在すでに起こっている変化から次に起こる変化を見極めることで、高い確度で未来を予測できるようになります。

次に、「来るべき未来を自分でつくりだす」を説明しましょう。

ビジネスにおいて、未来を予測することがむずかしいとあきらめて、時の流れに身を任せれば、企業の業績は景気の変動に大きな影響を受けることになります。

景気がいいときは売上もアップするでしょうが、いったん不況に陥れば売上がダウンし、企業の存続に関わる危機的な状況も考えられます。

そのような他力本願な経営を行なうのではなく、確固としたビジョンを描いて、それを必ず実現するという熱意の下、入念な計画を立ててビジョンを実現すれば、「来るべき未来を自分でつくりだす」ことができるのです。

つまり、自分で未来をつくりだせば、ビジネスを取り巻く環境にかかわらず、企業が理想とする将来像を確実に予測できることになります。

実際にどんな不況下でも、過去最高の業績を実現する企業が存在することを考えれば、「来るべき未来を自分で確実につくりだす」という方法も、あながち不可能なことではないといえるでしょう。

POINT

変化をコントロールする最善の方法は自ら変化をつくりだすことである。[6]

---

[6] P. F. ドラッカー著『ドラッカー 365の金言』(ダイヤモンド社) より。

PEST分析で正確に
効率よく将来を予測

　環境分析においては経済的、社会的、そして文化的な側面から「すでに起こった未来を利用」すれば、将来を予測することができますが、より正確にそして効率的に分析を行なうためには、**マクロ環境**（企業に最も影響を与える外部環境要因）をもれなくダブりなく分析する必要があります。

　この**マクロ環境分析**に **PEST 分析**というフレームワークが活用できます。

　PEST 分析とは、マクロ環境を4つの分野から分析するフレームワークで、Politics（政治）、Economy（経済）、Society（社会）、Technology（技術）の側面から分析していく手法です。

　最初のP、すなわち **Politics（政治）** の面からは、政治や法律面から自社に与える影響を分析していきます。とくに法律や規制、税制などは一企業の力の及ぶところではありません。ですから、現在施行されている法律や税制を詳しく分析することはもとより、今後制定される法律や税制を予測して自社にどのような影響を与えるのかを把握して対策を立てておかなければならないわけです。

　たとえば、現在は消費税の引き上げが一つの論点ですが、消費税が引き上げられれば事業にどのようなインパクトを与えるかを分析していく必要があるのです。

　一般的には消費税の引き上げは実質的な値上げと同じで、消費税が上がればそれだけ企業の売上は減少すると考えられます。そこで、住宅や車などの高額な商品を販売する企業であれば、消費税アップ前の駆け込み需要を喚起するために大々的なキャンペーンを実施して対応することもできるでしょう。

　また、逆に消費税が上がることで売上が上がる可能性が高まる業界も存在します。消費税がアップすることによって消費者の予算内で購入できる

ものが少なくなるので、これまでと同じ商品をリサイクル店や少しでも価格の安い店舗で購入する可能性も高まってきます。

消費税の引き上げが事業に悪影響を及ぼす業界は、どのような対応を行なえば、ピンチを乗り切って業績を向上させられるのかを検討しなければならないし、逆に消費税の引き上げが事業に好影響を与える業界は、チャンスをどうやって取り込むかという対処法を考えなければなりません。

次にPESTのE、すなわち**Economy（経済面）**からの分析を行なってみましょう。この分野の分析では、経済成長率や個人所得、消費の動向、株価や金利、為替相場の推移など、経済に関わる環境を調査し、事業に与える影響を分析していくことになります。

たとえば、個人所得の減少は、多くの業界で売上の低下につながり、抜本的な売上向上策を検討しなければ、厳しいビジネス環境を乗り切ることはむずかしいといえます。

企業は経済指標の動向をこまめにチェックして将来の予測を行ない、対応策を事前に練っておくことで、経済面でのリスクを最小限に食い止めることができるのです。

そしてPESTのS、**Society（社会面）**からの分析です。この社会面からの分析では、人口構成やライフスタイルの変化などの社会的な動きなど、自社にとって関連が深い社会的なトレンドや状況を分析していくことになります。

たとえば、日本において現在は少子化という現象が社会問題化していますが、このような問題は、子ども服やゲーム業界など、子どもを対象に事業展開を行なっている業界に、市場縮小というピンチをもたらすでしょう。

社会面からの分析では、現在起こっている社会現象や今後予測される社会問題の観点から自社に大きな影響を与える可能性のあるものをピックアップして、事前の対応策を検討していかなければならないのです。

最後のPESTのTは、**Technology（技術）**の観点から分析を行なっていくことになります。技術の発展はビジネスに多大な影響を与えることはいうまでもありません。常に最新の技術に対してアンテナを張ってビジネスへのインパクトを検証していかなければならないわけです。

たとえば、デジタル化の波は大きくビジネスを変えました。デジタルカメラの登場により、フィルム関連の業界は市場が大きく縮小し、事業構造の転換を迫られる状況に追い込まれました。一方で、家電メーカーにとっては、カメラのデジタル化により大きなチャンスが訪れたのです。

技術分野の分析では、技術革新が自社のビジネスにどのような影響を与えるかを慎重に分析し、早急に対応する必要があります。

マクロ環境のトレンドを利用する者は必ず成功する。構造的なトレンドの変化に抗う者は、短期的に成功することさえ難しく、長期的にはほとんど勝ち目がないといえるでしょう。[7]

この事実に基づけば、PEST分析を通じて自社を取り巻くマクロ環境を詳細に調査し、将来を予測することは、ビジネスで成功するために欠かせないものなのです。

PEST分析

	要因	社会的な影響
P	高速道路の無料化 扶養手当の廃止	・車での遠出需要の増大 ・専業主婦の減少 ・パートタイマーの増大
E	景気の停滞 所得の減少 原油価格の高騰	・高価格商品の低迷 ・低価格商品の人気向上 ・代替エネルギーのニーズの高まり ・石油に依存しない製品開発
S	少子高齢化 格差社会の拡大	・高齢者をサポートする製品の需要増 ・消費の二極化の進展
T	ロボット技術の発達 電池技術の成熟	・自動化製品の高度化 ・電池の小型化・長時間化

PEST分析でマクロ環境をもれなくダブりなく分析することができる

[7] P. F. ドラッカー著『経営の哲学』（ダイヤモンド社）より。

Section 4　自らの強みを発見して超一流に育てる
武器を持たずに戦って勝てるはずもない

　自社を取り巻く外部環境がわかれば、次に社会的なトレンドの中で効率的に成果を上げるために、自社についてよく知る必要があります。

　「自社のことだから分析する必要もない」と考えるかもしれませんが、案外自分のことは知らないものです。

　ビジネスを戦ううえでは、自らの強みを知り、それをいかに強化するかを知り、かつ自らのできないことを知ることは重要といえます。❺

SWOT分析から強みと弱みを把握する

　自社を分析する際には、**SWOT分析**というフレームワークを活用できます。

　SWOT分析とは、外部環境分析を踏まえて、自社の強み（S）や弱み（W）を把握することによって、将来どのような機会（O）や脅威（T）が待ち構えているのかを分析していくフレームワークです。

　たとえば、アップルのSWOT分析を行なってみましょう。

　アップルの**強み（Strengths）**としては、まずデザイン力が挙げられます。MacintoshをはじめとしてiPhoneやiPadなどのデザインは洗練されていて、多くのファンを惹きつけています。

　また、世界的なブランド力やマーケティングなどが、アップルの強みとして挙げられます。

❺ P. F. ドラッカー著『ドラッカー　365の金言』（ダイヤモンド社）より。

他にも、CEOであるスティーブ・ジョブズ氏によるリーダーシップも、アップルの強みといえるでしょう。

一方で、アップルの**弱み（Weaknesses）**はどこにあるでしょうか？
業績好調なアップルに死角はなさそうですが、強みの裏返しで、あまりにもスティーブ・ジョブズ氏のリーダーシップが強力すぎて、万が一のことがあれば一気にピンチに陥ることも考えられます。
ほかには、アップルがこだわるクローズドなシステムも、弱みといえるのではないでしょうか。

これらの強みや弱みを踏まえて、今後アップルに待ち構える機会や脅威にはどのようなものが考えられるでしょうか？

機会（Opportunities）として、今後パソコンからタブレット型端末やスマートフォンへと需要が移行していくことも考えられ、それらのマーケットで圧倒的な強みを誇るアップルの地位がさらに強固になる可能性も大いにあり得ます。
また、新興国の成長により、安価でパソコンの代用ができるiPadなどの需要が飛躍的に伸びる機会も予想されます。

アップルのSWOT分析

S (Strengths)	W (Weaknesses)
強み ・デザイン力 ・世界的なブランド力 ・マーケティング	弱み ・強力すぎるリーダーシップ ・クローズドなシステム
O (Opportunities)	T (Threats)
機会 ・パソコンからタブレットへの需要移行 ・新興国での販売機会増大	脅威 ・Android端末の躍進

逆に、アップルにとってはチャンスばかりでなく、**脅威（Threats）**も十分考えられます。たとえば、アップルは独自のシステムを採用してiPhoneやiPadなどの提供を1社で行なっています。これに対して、アップルのライバルであるグーグルのAndroid（モバイル向けプラットフォーム）は、オープンソースでどんな企業でも無償で利用でき、実際に多くのメーカーがAndroidを搭載した端末を市場に投入しています。そして、いまや販売台数のうえでもアップル製品を上回る実績を上げています。今後もますますAndroid陣営にiPhoneやiPadの牙城を切り崩される脅威も考えられるわけです。

このようなSWOT分析を行なったうえで、最も注意すべきポイントは「強み」です。

多くの企業は弱みを克服しようと、相応の経営資源を投入するかもしれませんが、弱みを補強していく努力は、無駄な投資になる可能性も高くなります。

やはり、強みに集中し、それを強化していかに機会につなげていくかという姿勢が重要になってくるわけです。

コア・コンピタンスを見極めるチェックポイント

SWOT分析を通して自社の強みを把握できれば、その強みの中で、他社の真似できない最も強力な武器を発見する必要があります。

ビジネスでも、できないことを並のレベルに引き上げるよりもできることを超一流にするほうがやさしいからです。❷

何か一つでも他社より秀でた強みをもつことが、競争を勝ち抜くうえで重要になってくるのです。

この他社よりも秀でた超一流の強みは**コア・コンピタンス**と呼ばれ、決

❷ P. F. ドラッカー著『ドラッカー　365の金言』（ダイヤモンド社）より。

定する際には、次の5つの条件をクリアしていかなければなりません。

　まず、1つ目は**模倣可能性**。たとえ業界初のビジネスを展開して爆発的なヒットを記録したとしても、真似することが非常に簡単なものであれば、資金力のある大企業が後発組として参入した段階で激しい競争が起こり、先行企業という競争上の優位性は瞬く間に失われてしまうでしょう。すなわち、他社から簡単に真似されやすい強みはコア・コンピタンスにはなり得ないということです。

　2つ目は**移転可能性**です。たとえば、企業の強みとして生産システムがあったとしましょう。ところが、そのシステム自体が簡単に他社に移転することが可能であれば、そのシステムという強みを活かして独自の競争優位性を築くのは不可能になるということです。

　3つ目に**代替可能性**が挙げられます。現代は技術革新の流れが非常に速く、一時期は独自の技術で競争を優位に戦うことができても、すぐにその技術を代替する新しい技術が開発される場合も考えられます。だから、この代替可能性についても慎重に検討しなければならなくなるのです。

　4つ目として**希少性**という観点から判断することになります。たとえば、競合他社ももつありふれた強みでは、競争を戦ううえで強力な武器にはなり得ません。やはり、他社が保有していない、そして保有することがむずかしい希少性のある強みをもつことが望まれるわけです。

　最後の5つ目は**耐久性**があるかどうか。いくら自社独自の強みがあっても、長く続かなければ意味がありません。その観点から、コア・コンピタンスとしての自社の核となる強みは長い期間持続する耐久性をもつ必要があるのです。

自社のコア・コンピタンスを見極める際は、「模倣可能性」「移転可能性」「代替可能性」「希少性」「耐久性」という５つのポイントから自社の強みをチェックします。

「他社から真似される可能性」「他社に移転される可能性」「他の何かに取って代わられる可能性」に関しては低いものを、逆に「他社が持ち合わせていない希少性」「長期的に続くという耐久性」に関しては高いものを選択していくことになります。

コア・コンピタンスを決定づける５つの条件

模倣可能性	低い
移転可能性	低い
代替可能性	低い
希少性	高い
耐久性	高い

コア・コンピタンスは５つの条件から決定することができる

ビジネスは競争だということを考えると、他社の保有していない独自の武器を持って競争に臨むことにより、競争を優位に展開することが可能になるのです。

逆にいえば、武器を持たずに競争に臨めば、勝ち抜くのが非常に厳しくなることは火を見るより明らかといえます。

コア・コンピタンスを最大限に利用して生み出された製品・サービスが顧客により大きな価値をもたらし、支持を得る源泉にもなることを踏まえれば、企業は競争を展開する前に、自社のコア・コンピタンスを見極めて、継続的に育成していく計画を立てていかなければならないのです。

Section 5　最も強みの活きる事業領域を選ぶ

勝てないところで勝負してはならない

　自社の最強の武器を発見することができれば、効率よく成果を上げるために、その武器が最も活きる"戦場"を見つける必要があります。

　武器には万能なものなどありません。必ず効果の高い戦場と低い戦場があるからです。

　この企業にとっての自社の強みが活きる場所とそうでない場所を明確に線引きしていくプロセスが、**事業ドメイン**（事業の展開領域）の決定ということになります。

　"ヒト・モノ・カネ"という経営資源をもし無限に保有することができれば、企業は自社の参入する事業領域を決定する必要はないかもしれません。

　ただ、現実にはどんな企業にも経営資源を無限に調達できる力はありません。ですから、この限りある経営資源を最大限に活用できる事業を選択し、集中していくために、事業ドメインを明確に決定していかなければならないわけです。

3つの軸で事業ドメインを決定

　企業はこの事業ドメインを決定する際に、製品、市場、コア・コンピタンスという切り口から決定することができます。

　まず、最も一般的な事業ドメインの決定方法は、**製品**を軸に決定してい

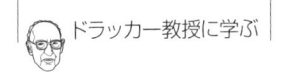

く方法でしょう。

　企業は自社の取り扱うメインの製品を軸に、関連製品へと事業ドメインを広げていくことができます。

　たとえば、シャープは液晶ディスプレイに経営資源を集中的に投下し、液晶技術をリードしている企業といえますが、メインの液晶テレビ事業を軸に、携帯端末事業や電子辞書事業など、さまざまな液晶ディスプレイ関連の事業へとドメインの拡張を図っています。

　続いての事業ドメインの決定方法は、**市場**軸から決定する方法です。これは、ドメインを顧客層の特徴から定義づけていく方法といえます。

　たとえば、現在金融機関ではプライベートバンキングと呼ばれるサービスを提供していますが、この事業は顧客を保有する資産で分類して、ある程度の資産を保有している富裕層にターゲットを絞ったサービスといえます。

　顧客は、預金やローン、外貨建て金融商品、国内外のファンド、保険商品などの中から自分に最適なサービスを、専門家によるコンサルティングを受けながら利用することができます。

　場合によっては、さらに不動産や相続・事業継承のコンサルティング、果ては美術品の管理や売買の相談、リゾート会員権の斡旋まで行なうケースもあります。

　まさに、富裕層という顧客層にフォーカスして、その顧客層が望む事業をワンストップで展開し、売上機会を逃さない事業ドメインの定め方といえるでしょう。

　最後は、**コア・コンピタンス**からドメインを定義づけていく方法です。

　企業はいったんコア・コンピタンスを身につけると、そのコア・コンピタンスを中心にして事業展開を図っていくことができます。

　たとえば、ソニーはエレクトロニクスをはじめ、ゲームや映画、音楽、インターネット、金融など、実にさまざまな事業ドメインを展開していま

す。

　このソニーの事業ドメインは、製品軸や市場軸では説明がつきません。

　そこで、コア・コンピタンスという軸でくくれば、一見関係ない事業ドメインも一つにまとめることができるのです。

　まず、ソニーの強みを抽出すると、先端的なオーディオ・ビジュアルの技術力、グローバルな販売ネットワーク、デザイン力、ブランドの信頼性、グループ企業の多様性など、実にさまざまな要素が挙げられます。

　もともとソニーは、オーディオ・ビジュアルの技術力やデザイン力をコア・コンピタンスにして、ウォークマンやハンディカムなど、次々にエポックメイキングな電子機器を開発してヒットを飛ばし、マーケットで競争優位を保ってきました。つまり、オーディオ・ビジュアル事業を軸にドメインを決定してきたのです。

事業ドメインの決定法

製品軸	液晶や飲食など、自社の取り扱う製品を軸に、展開する事業を決定していく方法
市場軸	富裕者層や低所得者層、30代の女性など、市場を軸に、事業を決定していく方法
コア・コンピタンス軸	ブランドや技術力など、コア・コンピタンスを軸に、事業を決定していく方法

　ところが、近年ソニーは、オーディオ・ビジュアルの技術力をコア・コンピタンスと捉えるのではなく、「SONY」というブランドをコア・コンピタンスにして、事業ドメインの拡大を図っていることがわかります。

　SONYというブランドがコア・コンピタンスであれば、オーディオ・ビジュアルとはまったく関係のない生命保険や損害保険、銀行などの金融業界にSONYというブランドを冠して事業ドメインを広げることができます。その場合、ゼロから新たなブランドを立ち上げるよりも、圧倒的な速

さで顧客の信頼を獲得できるわけです。

ソニーのオーディオ・ビジュアルの技術力も、たしかに他社が真似することがむずかしいレベルの高いものですが、それ以上にソニーがこれまでに培ってきたブランドという信用力は、他社が真似しても一朝一夕にできるものではありません。

このソニーの事例のように、コア・コンピタンスからドメインを決定する際には、企業が自社のコア・コンピタンスをどのように捉えるかによって、ドメインの展開はまったく違ったものになることがわかるでしょう。

事業ドメインを決める際の注意点

企業はどんな方法でドメインを決定するにしろ、重要なポイントは、そのドメインが自社のミッションやビジョンと整合性がとれているかどうかということです。

企業が事業を行なう目的は、お金を儲けることではなく、そのミッションやビジョンを達成することにあると説明しました。たしかに収益を上げることは事業活動として重要なことですが、ただ儲けることができるというだけで、ドメインを決定してはいけないのです。

あくまでも、企業の掲げるミッションやビジョンとの整合性がとれて初めて、ドメインを決定する効果が表われてくるわけです。

> **POINT**
> 利益が上がるというだけで事業ドメインを決定してはいけない。ミッションやビジョンとの整合性に気をつけよう。

また、ドメインは自社を取り巻く環境の変化に応じて変えていく必要があります。状況によっては思い切ってドメインをドラスティックに変える

ということも、業績を劇的に向上させる効果を発揮する場合もあるでしょう。

たとえば、IBMはメインフレームと呼ばれる大型コンピューターにおいて、1980年代までは圧倒的なマーケットシェアを誇っていました。しかし、1990年代のダウンサイジングの主流となったパーソナルコンピューターという時代の波に乗り遅れ、巨額の赤字を計上してしまいました。

そこでIBMはこの企業存亡の危機に際して、従来の"コンピューター"というハードウェア一辺倒のドメインを維持するのではなく、過去の成功を思い切って切り捨て、"ビジネスソリューション"というソフトウェアへとドメインの転換を図ることによって見事復活できたのです。

このように、事業ドメインは環境の変化に応じて、常に最適なものへと適応させていく柔軟性が、成功し続けるためには重要なカギを握っているといえるでしょう。

Resting Time

1時間目のまとめ

　ドラッカー教授の講義はチャイムとともにあっという間に終わりを告げた。
　僕は、ゆっくりとドラッカー教授が教室を後にする姿を視界に捉えながら、講義を振り返っていた。

　ビジネスとは、企業が社会貢献を通じて顧客に満足を提供し、その代金として金銭を受け取る仕組みのこと。
　まず、自社が社会に対してどのような価値を提供できるのかというミッションを決定する必要がある。
　ミッションが決まれば、次にそれをより具体化させたビジョンに落とし込み、どうすればそのビジョンを達成できるのかを検討する。
　そのために、環境分析を行なうプロセスに移っていくことになる。
　環境分析を通して、社会のトレンドや自社の強みが明らかになれば、何を武器にしてライバル企業との競争に勝ち抜くかというコア・コンピタンスを定める。
　そして、そのコア・コンピタンスが最も効果を発揮する戦場である事業ドメインを定義していかなければならない……

　このドラッカー教授の教えは、ビジネスを展開するうえで必ず押さえなければならないものだ。
　僕はしっかりと胸に刻み込んだ。

　このように、ドラッカー教授の教えに基づいて、自社が展開すべき事業が決まれば、次に必要なのは、いかに個別の事業で競争優位を確立し、収

益を上げていくかという事業戦略だ。

　この競争戦略分野の第一人者といえば、マイケル・ポーター教授。２時間目は、ポーター教授の競争理論を学ぶクラスだ。

　間もなくして始業を告げるチャイムが鳴り、ポーター教授が颯爽と現われた。いよいよ、２時間目の始まりだ……

1時間目のノート
〈ミッションとビジョン、環境分析、全社戦略〉

- ◎事業の目的は利益の追求ではなく、社会に価値を与えて顧客を創造することである。
- ◎企業は事業の目的をミッションとして宣言する必要がある。
- ◎ミッションが明確になれば、SMARTの法則を使って、具体的なビジョンに落とし込む。
- ◎ミッションやビジョンが本当に達成できるのかを検討するために、PEST分析などの環境分析を行なわなければならない。
- ◎SWOT分析を通して、自社分析を行ない他社の真似できない強み（コア・コンピタンス）を発見する。
- ◎自社の強みが最も活きる事業領域（事業ドメイン）を決定する必要がある。

2時間目

ポーター教授に学ぶ
「競争に勝つための戦略」

皆さん、ポーターです。2時間目の事業戦略を担当します。この講義では、最初に外部環境・内部環境の分析を通して、競争優位の構築可能性を探ります。その後、自社を取り巻く環境に応じた適切な戦略を採用し、競争を勝ち抜く方法を具体的に学んでいきましょう。

競争を優位に展開するための事業戦略は、実はたったの3パターンしかありません。皆さんは今日この講義で、その3つの基本戦略を身につけられるでしょう。では、本題に入っていきます。

Porter

M. E. ポーター
アメリカのミシガン州に生まれ、プリンストン大学の航空宇宙機械工学科を卒業。ハーバード大学で経営学修士号および経済学博士号を取得。その後、同大学の史上最年少の正教授となる。競争戦略の専門家であり、ファイブフォース分析やバリューチェーン分析など、競争を優位に展開するための数多くのフレームワークを考案した。代表著書の『競争の戦略』はビジネススクールだけでなく、多くの企業経営者の間でも高い評価を受けている。

ポーター教授に学ぶ

Section 1　事業の収益性を分析する

利益の善し悪しは「業界」で決まる!?

　自社として展開する事業が決まれば、気になるのはいかにその事業から収益を上げることができるかでしょう。

　事業の目的は社会貢献といえども、ビジネスはボランティアではありません。最終的に利益を確保しなければ、結果として事業は継続できないのですから、収益というのは企業にとって無視できる問題ではありません。

　実のところ、この企業の収益に関して、自社の属する業界が本来持つ収益力こそが、会社の収益性を決める一つの重要な要素です。[1]

　つまり、企業がどのような業界に属するかで、収益性に大きな差がつくのです。

　自社が競争的優位を築きやすい業界に属していれば、儲かる可能性は高くなるし、そうでなければ儲けることはむずかしくなるということです。

事業の収益性が判断できるファイブフォース分析

　この業界の魅力度を分析するフレームワークに、**ファイブフォース分析**があります。ファイブフォース分析では、業界の構造を5つの観点から分析して魅力度を測っていきます。

　5つの要因とは、「売り手の交渉力」「買い手の交渉力」「代替品の脅威」「新規参入の脅威」「競合の程度」です。

　この5つの要因を分析することによって、その業界の競争構造が明らかになり、企業にとって魅力的な事業かどうかを判断できるようになります。

[1] M. E. ポーター著『競争優位の戦略』(ダイヤモンド社) より。

まず1つ目は**売り手の交渉力**です。自社に対して原材料を提供する供給業者との力関係を示しています。

供給業者とは、自動車メーカーであれば、タイヤやガラス、鉄、エアコンといった自動車を組み立てるのに必要な原材料を納入する供給業者になりますし、スーパーであれば、肉や野菜などの生鮮食料品や飲料、お菓子などを納入する卸売業者になります。

これらの供給業者と自社の力関係を分析して、どちらの力がどの程度強いかを測っていくのです。

次に2つ目は**買い手の交渉力**です。買い手とは、自社にとって製品・サービスを提供する顧客を表わします。

この買い手の交渉力では、自社と顧客との力関係を把握して、業界の魅力度を測ることになります。

買い手といっても、最終消費者ばかりでなく、中間業者が買い手となる場合もあります。たとえば、家電量販店にとっては個人消費者が買い手になり、家電メーカーにとっては家電量販店が主な買い手になります。

そして3つ目は**代替品の脅威**です。企業間の競争は同じ製品・サービス

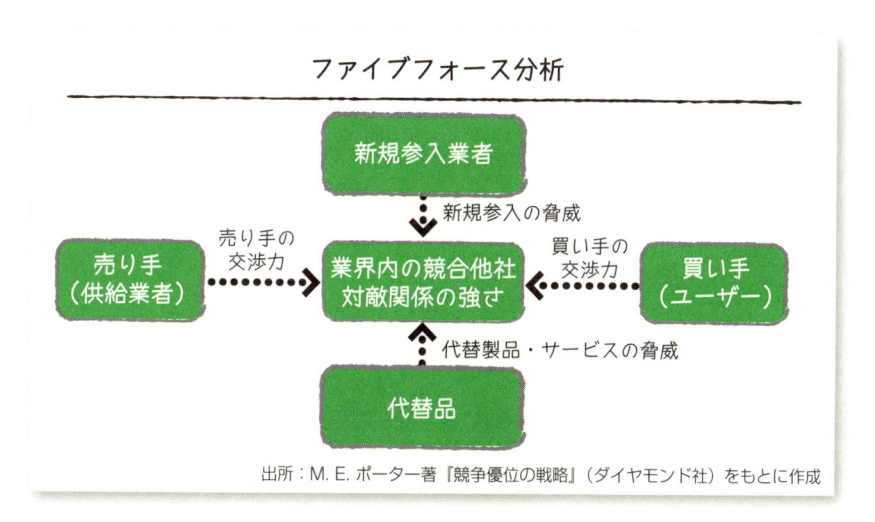

ファイブフォース分析

```
                    ┌─────────────┐
                    │ 新規参入業者 │
                    └──────┬──────┘
                           │ 新規参入の脅威
                           ▼
┌─────────┐  売り手の   ┌─────────────┐  買い手の   ┌─────────┐
│ 売り手   │  交渉力     │ 業界内の競合他社 │  交渉力     │ 買い手   │
│(供給業者)│ ··········▶ │ 対敵関係の強さ   │ ◀·········· │(ユーザー)│
└─────────┘             └──────▲──────┘             └─────────┘
                               │ 代替製品・サービスの脅威
                        ┌──────┴──────┐
                        │   代替品    │
                        └─────────────┘
```

出所：M. E. ポーター著『競争優位の戦略』(ダイヤモンド社) をもとに作成

ばかりでなく、同じような機能をもった製品の影響も受けることになります。

たとえば、映画というサービスは同じ映画同士の競争だけでなく、映画を収録したDVDをはじめとして、映画を放映するテレビなど数多くの代替サービスと競っていかなければなりません。

加えて、映画の"暇な時間を潰す手段"という機能に着目すれば、ゲームやカラオケなど、他の娯楽も代替サービスということができます。

代替サービスが数多く存在する場合や、代替品の成長が著しい場合、そして代替品を提供する企業の規模が大きく利益率が高い場合などは、代替品の存在に自社の事業が影響を受けることになるので大きな脅威といえるでしょう。

さらに4つ目は**新規参入の脅威**です。事業というものは一部の特殊な市場を除けば、市場の中で業者の参入と撤退が繰り返され、参加する企業の顔ぶれが変わってきます。この顔ぶれの変わる市場の中で、次々に新たな競合相手が参入してくる事態になれば、自社の事業にとって脅威が増すということです。

新規参入の脅威は、市場の魅力度の程度や市場へ参入する際の障壁の高さ、および市場から撤退する際の障壁の低さによって決定付けられます。

最後の5つ目は**競合の程度**になります。この競合の程度で、業界の魅力度を測ると、同じ市場にライバル企業が多い場合、また少なくても規模の大きい強い相手が存在すれば、業界の魅力は減少していきます。逆に競合する企業が少ない場合は、業界の魅力は高くなります

このように、5つの観点から業界の競争構造を分析し、不利な状況が多い場合にはその事業で収益を上げるのはむずかしいと判断することができます。逆に、有利な状況が多い場合には収益を上げやすい事業と結論付けることができます。

同じ経営資源を投入するのであれば、少しでも収益性の高い事業に投資することが求められます。そのような事業の収益性を判断するうえで、ファイブフォース分析は有効なフレームワークといえるでしょう。

事業の魅力度が低くても
競争優位は確立できる

ファイブフォース分析は、自社独自の可能性を探るうえでも有効です。

実のところ、会社は業界構造にがんじがらめに縛られているのではない。会社は、戦略によって、5つの要因を動かすことができるのです。会社が業界構造に手をつけられるとしたら、業界の魅力度をよくもわるくも変えられるということになります。成功した多くの戦略は、このようにして、競争のルールを変えたのです。[2]

ここで、パソコン事業をケースにして、自社独自の競争優位を確立する可能性について検証していきましょう。

まず、パソコン製造業における**売り手の交渉力**を分析します。パソコンメーカーにとって主な売り手とは、OSを供給するマイクロソフトやCPUを供給するインテルなどです。これらの企業はそれぞれの市場において圧倒的な影響力を誇ります。

パソコンメーカーとの力関係を比べれば、マイクロソフトやインテルのほうが強く、原材料の価格決定の主導権は売り手側にあるといえます。

つまり、パソコンメーカーにしてみれば、パソコンの主要部品となるOSやCPUに限っては売り手の交渉力が強く、現状の魅力度は低いといわざるを得ません。

そこで、売り手の交渉力という観点から不利な条件を有利に変えるためにはどういう方法があるでしょうか？

[2] M. E. ポーター著『競争優位の戦略』(ダイヤモンド社) より。

たとえば、OS や CPU を自社の力のほうが強くなる業者に変更するという方法が考えられます。OS に関してはマイクロソフトの Windows ばかりでなく、無料で利用できる OS を利用し、CPU もインテルではなく他の競合企業との交渉によって、売り手の交渉力を弱めることもできるでしょう。

次に、**買い手の交渉力**についてです。パソコンメーカーの主な買い手としては家電量販店が挙げられます。現在では売上高が 2 兆円を超える家電量販店も登場し、規模の拡大が収益につながるとして、家電量販店各社は M&A や業務提携などを通して大型化し、バイイングパワーを増しています。

これら家電量販店は、パソコンメーカーにとって大口の販売先として、絶大なパワーをもち、商品の卸売価格の決定権を握っています。

この買い手の交渉力においても、パソコンメーカーは買い手に価格決定の主導権を握られて、事業としての魅力度は低いものになってきます。

そこで、流通コストを劇的に下げることができるインターネットを利用して、直接エンドユーザーに販売する直販モデルを構築すれば、買い手は一般消費者 1 人ひとりになって、買い手の交渉力を大幅に減少させ、価格決定の主導権を握ることも可能になるわけです。

そして、**代替品の脅威**については、パソコンが提供するインターネットの閲覧、E メールの利用といった主な機能に着目すると、代替品としては高性能化が進んでいる携帯電話やスマートフォンなどが挙げられます。

現在、携帯電話業界は各キャリア間で競争が激しく、端末は長期契約を行なえば無料になる機種などもあり、いまでは 1 億台を超す携帯端末が利用されているという状況です。

代替品の分野では、たしかに携帯電話の高性能化は脅威になりますが、携帯電話の強みと弱みに着目して、対策を講じることもできます。

たとえば、携帯電話の強みには、携帯性や分割支払いによる資金負担の

ファイブフォース分析の活用事例

5つの要因	一般論	自社
売り手の交渉力	× →	◎OS、CPUの調達先の変更
買い手の交渉力	× →	◎ダイレクト販売
代替品の脅威	× →	◎代替品では実現できない機能の搭載
新規参入の脅威	× →	◎大規模生産による低価格の実現
競合の程度	× →	◎ブランドの確立

一般的に魅力のない業界でも、自社が状況を一変できれば大きなチャンスをものにできる

軽さなどがあります。このような携帯電話の強みに対して、携帯性を高めた小型のノートパソコンを開発して市場に投入したり、資金負担を軽減するための分割支払いを導入して対抗したりすることもできるでしょう。

加えて、携帯電話の弱みである画面の小ささや付加機能の限界という点に着目すれば、画像の鮮やかな大画面ディスプレイを使用し、映像関係のコンテンツを存分に楽しめる機能を付加するなどの差別化を図ることも可能です。

新規参入の脅威はどうでしょうか？ パソコンというものは現状、コモディティ化しています。OSやCPUの性能、ハードディスクやメモリーの容量が同じであれば、デザインこそ違えど、パソコンとしては同等の働きになります。

このようなパソコンの製造は、少し機械に詳しい人なら誰でも製造することが可能です。つまり、パソコンを製造して販売する事業は、成功できるかどうかは別にして、参入障壁が限りなく低いといえます。

そこで、新規参入業者の芽を摘むためには、パソコン製造事業を規模型事業化して、大規模であればあるほど、収益性が高くなるという特徴をもたせればいいのです。

大規模事業というスケールメリットを活かしてバイイングパワーを発揮

し、部品の調達コストや大量生産による製造コストを削減することによって、パソコンの低価格化を実現すれば、新規参入業者が低価格を武器に参入しても収益が上がらない状況になります。新規参入業者にとっては、パソコン事業に大きな参入障壁がつくられることになるのです。

最後に、**競合の程度**については、パソコンメーカーでは大手企業同士の競合も厳しいうえに参入障壁が低く、低価格を謳った中小メーカーなども入り乱れ、多くの企業で非常に激しい競争が繰り広げられています。

そこで、競合との競争を避けるために差別化を行なって、デザインを独自なものにしたり、テレビの機能を融合して付加価値を高めたりするなど、価格競争以外に力を入れることによって、自社製品のブランド化を図る戦略も有効に機能するでしょう。

このように、一般的なファイブフォース分析を行なった結果、事業の魅力度が低い場合でも、その要因を分析して、自社だけがその要因を克服できる対策を講じることができれば、競争優位を確立して事業の魅力度をアップすることが可能になるのです。

もちろん、5つすべての要因の魅力度アップはむずかしいかもしれませんが、個々の要因に対して個々の対策を講じていくことによって、収益力を確実に向上させることができるでしょう。

Section 2　独自のビジネスモデルを構築する
価値あるプロセスを見つけ、ビジネスモデルを考えよう

　外部環境が恵まれた業界であれば、収益を上げる確率も高くなることはある意味わかりやすいかもしれません。

　ただ、すべての企業が恵まれた環境で事業を展開できるわけではなく、他の方法で事業を優位に展開する必要があります。

　それを可能にするのが、内部環境分析である**バリューチェーン分析**です。

　バリューチェーン分析とは、企業が付加価値を生むプロセスを細分化したうえで、各プロセスを入念に分析することです。自社の経営資源を最大限に活用し、競争優位を築くためのビジネスモデルを築くフレームワークになります。

付加価値を生み出すプロセスを洗い出す

　どんな事業においても、いくつかの作業を経て、製品・サービスの価値を高めていくことが、最終的な利益の向上につながっていきます。

　たとえば、ダイヤモンドの原石を最終消費者に届ける場合と、原石を磨いて宝飾品として届ける場合を比べてみれば、その違いがわかりやすいでしょう。

　もちろん、ダイヤモンドの原石はそれだけで大きな価値がありますが、それを宝飾品に加工することによって、さらなる価値を加えていくことができます。

その価値が付加されるプロセスを見ていくと、ダイヤモンドの原石はまず宝飾品を扱う企業に購入されます。

次に宝飾品としてのデザインが決定され、そのデザインに基づいてダイヤモンドが磨かれ、リングやネックレスなどに加工されます。

そして、加工されたダイヤモンドは販売店へと運ばれて、店員が顧客に対して販売を行なうというプロセスを経て、企業に大きな利益をもたらすようになるのです。

つまり、ダイヤモンドは、大まかに「仕入れ」「工場への搬送」「デザイン」「加工」「販売店への搬送」「販売・マーケティング」という6つのプロセスを経て、価値を生み出すといえます。

ダイヤモンドの価値を高めるプロセス

原材料仕入れ → 工場への搬送 → デザイン → 加工 → 販売店への搬送 → 販売・マーケティング

ダイヤモンドは複数のプロセスを経て、大きな付加価値を生んでいく

ここで、ダイヤモンドを原石で販売した場合の価格が1万円、加工して宝飾品として販売した場合の価格が10万円とすれば、6つのプロセスを経ることで、ダイヤモンドには9万円の価値が付加されたといえます。

この付加価値を生み出す一連のプロセスが、**バリューチェーン**と呼ばれているものなのです。

この場合、原石で販売したときのコストが9000円、加工して販売したときのコストが9万円とすれば、それぞれ利益は1000円と1万円になり、

バリューチェーンの効果によって、製品1個当たり実に10倍もの利益が実現できることになります。

　バリューチェーン分析では、原材料を仕入れて製品を製造し、販売店経由で製品を販売して、アフターフォローを含めて利益を獲得していくプロセスのことを、**主活動**と呼んでいます。
　一方で、企業活動はこのような主活動ばかりでなく、資金を調達する財務活動や、従業員を採用して配置する人事労務活動、新たな製品を開発する研究開発活動など、主活動を後方で支えるさまざまな活動も存在します。これらの活動も、企業が付加価値を生むためには必要不可欠なものであり、**支援活動**としてバリューチェーン分析の中に含まれます。

　バリューチェーン分析では、実際に付加価値を生み出す主活動と、主活動を後方からサポートする支援活動に分類し、それぞれの特徴を把握していく必要があるわけです。

バリューチェーン分析

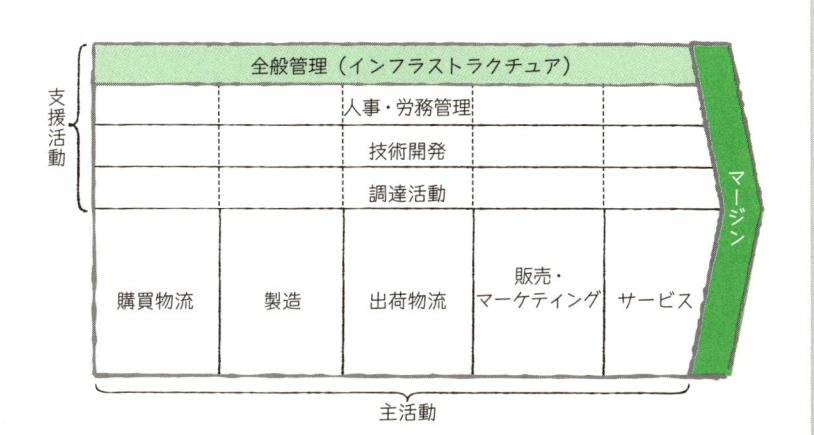

支援活動	全般管理（インフラストラクチュア）					マージン
	人事・労務管理					
	技術開発					
	調達活動					
	購買物流	製造	出荷物流	販売・マーケティング	サービス	
	主活動					

出所：M. E. ポーター著『競争優位の戦略』（ダイヤモンド社）をもとに作成

バリューチェーン分析をもとに
独自のビジネスモデルを構築

　それでは、ここで一般的なバリューチェーンについて、その成功要因を見ていくことにしましょう。
　事業において競争を優位に展開していくためには、バリューチェーンにおいて独自の強みを発揮する必要があります。

　たとえば、あるメーカーのバリューチェーンを例にとりましょう。

　メーカーはまず製品の研究開発を行ない、その製品開発に応じて原材料を調達し、工場で生産します。そして、製品が完成すれば、マーケティングを行なってプロモーションなどで製品の認知度を高めると同時に、製品の販売を行なっていくことになります。そして、販売後も製品に不具合などが生じた場合は、修理などのアフターサービスが必要になってきます。
　つまり、メーカーの一般的なバリューチェーンは、「研究開発」→「原材料調達」→「生産」→「マーケティング」→「販売」→「アフターサービス」といえるでしょう。
　そして、このバリューチェーンの各プロセスがどのようなものであれば競争を優位に展開していけるのか、成功要因を確認していく必要があるわけです。

　ここで、バリューチェーンで独自の強みが発揮できるようにするためには、各プロセスを真似できないユニークなものにするか、もしくは他社が追随できないような低コスト体質を実現しなければならないということになります。
　仮に、生産プロセスで独自の技術をもっていて、他社の真似できない差別化された製品を製造したり、独自の仕入れルートで質の高い原材料を驚くほど安い費用で調達できたりすれば、それだけで競争を優位に展開する

ことが可能になるでしょう。

　重要なのは、各プロセスすべてに強みをもつ必要がないことです。逆に、各プロセスすべてにおいて他社よりも競争優位に立とうとすれば、かえってコスト増を招き、競争力は低下していくことになるので注意が必要です。

　たとえば、アップルは、iPhone などの製品で好業績を実現していますが、バリューチェーン分析を行なってみれば、すべてのプロセスに強みがあるわけでなく、製造プロセスなどはアウトソースして、マーケティングに経営資源を集中投下して強みをさらに強化していることがわかります。

　自社独自の強みにつながらないプロセスがあれば、あえて自社のバリューチェーンの中に取り込むよりも、むしろ得意な企業にアウトソースしたほうが競争力をさらに高めることができるわけです。

　バリューチェーン分析では、自社のバリューチェーン、およびライバル企業のバリューチェーンを詳しく分析したうえで、競争相手とまったく異なる価値連鎖を採用すると、相対的コスト地位が劇的に変わることがしばしばあるのです。❸

　このように、バリューチェーン分析を経て、強みとなるプロセスを強化することによって自社独自のビジネスモデルを再構築することが、事業における競争を優位に展開していく一つの有効な方法になります。

---

❸ M. E. ポーター著『競争優位の戦略』（ダイヤモンド社）より。

ポーター教授に学ぶ

Section 3　適切な事業戦略を選ぶ①差別化戦略

差別化できるのは製品ばかりではない

　自社を取り巻く外部環境や自社内部の環境が明らかになれば、勝つための戦略も立てやすくなります。

　さまざまな競争優位を築いた企業の事業戦略を分析した結果、競争優位を築くための戦略は、結局のところ3つのタイプに分類できることが判明しました。

　その3つの戦略タイプは、「差別化」「コスト・リーダーシップ」「集中」です。

競争優位を築く3つの基本戦略とは？

　それぞれの戦略を具体的に見ていく前に、まずは3つの戦略について簡単に説明します。

　業界全体という大きな市場で他社の真似できないような特異性を発揮し、競争を優位に展開する企業の事業戦略が、**差別化戦略**です。

　同じように、業界全体で製品やサービスを低いコストで提供できる仕組みを築いて競争を優位に展開する企業の事業戦略は、**コスト・リーダーシップ戦略**に当たります。

　また、業界トップクラスの企業に比べて経営資源の劣る下位企業は、正面から上位企業に対抗しても競争を優位に展開できないため、業界全体と

3つの基本戦略

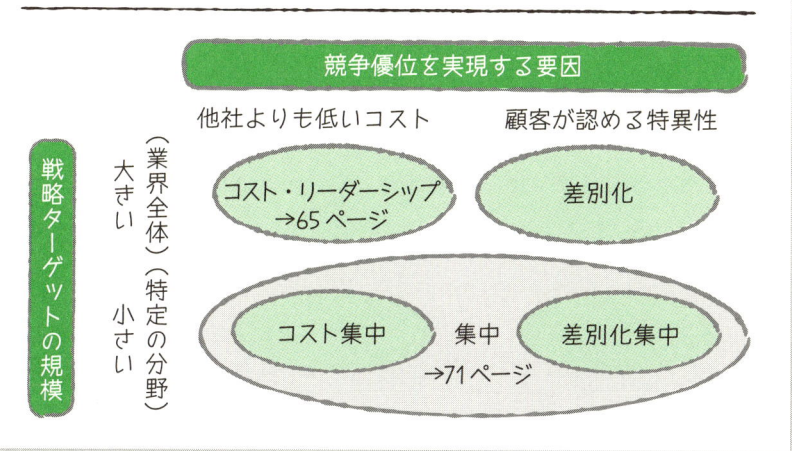

競争優位を実現する要因

	他社よりも低いコスト	顧客が認める特異性
戦略ターゲットの規模（業界全体）大きい	コスト・リーダーシップ →65ページ	差別化
（特定の分野）小さい	コスト集中	差別化集中

集中 →71ページ

いう大きな市場で勝負するのではなく、自社の得意な事業分野に経営資源をフォーカスすることにより、ニッチな市場で大企業と互角以上の戦いを展開できるようになります。

この経営資源に劣る企業が自社の強みが活きる特定の市場を発見し、フォーカスすることで、上位企業に対して競争を優位に展開する事業戦略が、**集中戦略**ということになります。

競争を優位に展開するためには、経営資源が豊富にある企業にとっては、業界全体という大きい市場で差別化するか、低コストを実現する必要があります。

一方、業界全体という大きな市場で競合に勝ち目がないと判断した企業は、自社の得意分野にフォーカスして、小さな特定の市場に経営資源を集中投下します。そのことにより、経営資源を分散投資して事業を展開する大手企業に対して、競争優位を確立できるようになります。

これが、事業で競争優位を築く3つの基本戦略であり、企業は自社を取り巻く環境に応じて、いずれかの戦略を採用すればいいのです。

差別化戦略の
具体的な方法

それでは、**差別化戦略**から詳しく見ていくことにしましょう。

差別化戦略は、業界全体という大きな市場を戦略的な顧客ターゲットにして、自社の製品・サービスの特異性をアピールして競争を優位に進めていくという戦略です。

自社の特異性を認めてもらう差別化戦略の要素には、実にさまざまなものがあります。それは、業界によってみな違う。製品そのもので差別化することもできるし、販売のための流通システムによるもの、マーケティング方法によるもの、その他さまざまな差別化が行なわれているのです。❹

ここで、差別化の方法について整理していきましょう。

まず1つ目は、**製品・サービスの設計や特徴を差別化**することです。つまり、その会社でしか生産できない製品を市場に投入して、顧客の支持を獲得することになります。

たとえば、アップルのiPhoneは携帯電話として圧倒的な人気を誇りますが、その人気の秘訣の一つの要素として挙げられるのが、洗練された製品設計でしょう。

iPhoneはアップルが自社で製造するわけではなく、アップルが設計した企画を外部のメーカーが製造してアップルに納めているために、iPhoneの製造に関してはアップルに強みがあるわけではありません。

つまり、iPhoneはその設計段階で他社の真似できない差別化が図られていて、そのことが競争を優位に展開する一つの要因といえます。

次に2つ目は、**ブランドイメージの差別化**です。顧客にブランドイメージを植えつけることにより、製品・サービスが顧客から選ばれる確率が高まってきます。

❹ M. E. ポーター著『競争優位の戦略』（ダイヤモンド社）より。

たとえば、顧客は製品・サービスに対する必要性が発生したときに、購入する製品・サービスを探すことになります。その際に真っ先に頭の中に浮かぶものが、ブランドイメージが植えつけられたものといえます。

ブランドの簡単な定義は、消費者のもつ「○○といえば××」というイメージであり、多くの消費者にそのイメージを植えつけることに成功すれば、たとえ他社製品と同等のクオリティだとしても選ばれる可能性が高くなるわけです。

そして3つ目は、**テクノロジーの差別化**です。高い技術力を背景に、他社が追随できないような製品・サービスを市場に投入して差別化を図っていくことになります。

たとえば、インテルは高い技術力を駆使して次々に高速なプロセッサーを開発し、CPUの分野では他社を寄せつけない地位を確立しています。とくにテクノロジーの分野では、新技術は特許など法的に模倣から保護されるために、いったんテクノロジーで優位に立てば、特許に保護されている期間は競争に巻き込まれる可能性が低くなるというメリットを享受できるでしょう。

さらに4つ目は、**顧客サービスの差別化**です。企業は提供する製品ばかりでなく、それに付随するサービスを徹底することにより差別化を行なうことができます。

たとえば、ホテル業界で提供するのは宿泊というサービスですが、ザ・リッツ・カールトンという高級ホテルは、宿泊だけでなく徹底した顧客サービスで、業界内外でその存在が知られています。

採用段階で高い顧客サービスを実現できるポテンシャルをもった人材を採用するプロセスに始まり、従業員は自分の裁量で顧客のために自由に使える予算を割り当てられるなど、簡単には他社が真似できない仕組みを導入して、顧客サービスの徹底化に努め、差別化に成功しているのです。

最後の5つ目は、**ネットワークや流通網を差別化**することです。特徴のある自社独自のネットワークを築いたり、独占的な流通網を構築したりすることによって、競争を優位に展開していこうという戦略です。

たとえば、インターネットショッピングモールの楽天は、自社で商品を揃えているわけではありませんが、多くの店舗のネットワークをインターネット上で束ねることによって、サイトの魅力を向上させ、インターネットショッピングモールという事業において確固たる地位を築いてきました。

同じように、インターネットで物品販売を手がけるアマゾンは、実際の店舗では実現が不可能と思われるような商品の品揃えを実現したうえで、即日配送や無料配送など独自の流通網を築いて、競争上の優位を確立しています。

差別化戦略においては、自社の提供する製品・サービスにとどまらず、ブランドやテクノロジー、顧客サービス、ネットワーク、そして流通網に至るまで、さまざまな要素で差別化を図り、競争を優位に進めていくことができるわけです。

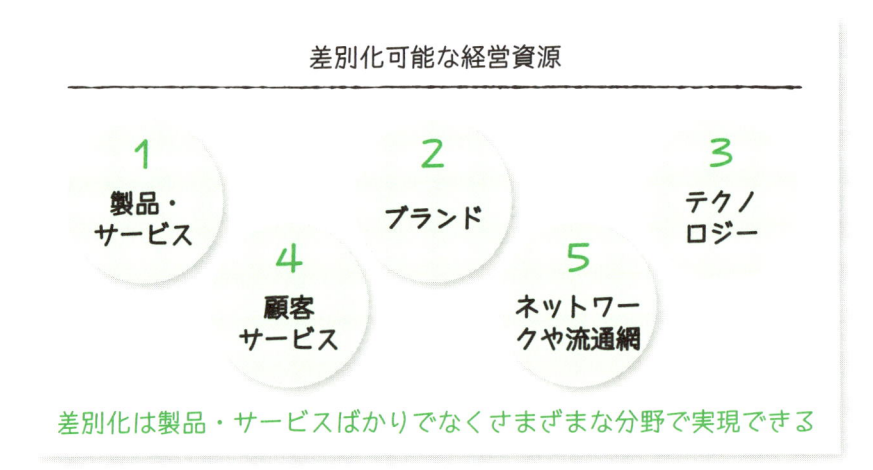

差別化可能な経営資源

1. 製品・サービス
2. ブランド
3. テクノロジー
4. 顧客サービス
5. ネットワークや流通網

差別化は製品・サービスばかりでなくさまざまな分野で実現できる

差別化戦略の
メリットとデメリット

　それでは、差別化戦略をとることによって、企業側にはどのようなメリットが発生するのかを検証していきましょう。

　一般的には、差別化戦略を採用する企業が提供する製品・サービスは、通常よりも高い価格設定になっています。ただ、差別化された製品・サービスだけに、他に変わるものがなく、顧客は高くても満足してその製品・サービスを利用することになります。

　つまり、差別化戦略では高いマージンを確保して、高い利益率を実現することができるのです。

　また、そのようにして事業で得た高い利益を、製品・サービスの改善や新しい技術、流通網のさらなる拡張などに再投資することで、業界での地位がさらに向上し、差別化を確固たるものにすることも可能になります。

　一方で、差別化戦略はメリットばかりかというとそうではなく、実行にあたっては次のような注意点が挙げられます。

　まず、差別化戦略においては他社製品との違いをアピールしていくことになるので、機能的にマニア受けするものに偏（かたよ）っていく可能性もあり、一番大きな売上が期待できる大衆層からの支持を得られない危険性が考えられること。

　加えて、差別化を実現するために原材料や研究開発に莫大な資金を費やすこともあるので、その場合はおのずと最終価格に反映され、多くの顧客にとって欲しいとは思っても価格が高く手の届かない製品となり、思うような売上を実現できなくなる可能性も考えられます。

　たとえば、ソニーのPlayStation 3は、スーパーコンピュータ並みの演算処理能力を備えてグラフィック性能を大幅に向上させました。そのほか、

次世代 DVD である Blu-Ray Disc の再生機能や、これまでの貴重な資産である PlayStation のソフトとの互換性を保つために 2 つの異なる CPU を搭載しました。

このように、機能的にはライバル企業の任天堂の次世代ゲーム機である Wii を寄せつけないものでした。

ところが、原材料費などの高騰がたたって、当初販売価格を赤字覚悟で設定したものの、それでもユーザーの許容範囲を超えてしまい、任天堂との次世代ゲーム機戦争の緒戦に敗れたのです。

結局は、ゲーム機の機能を極限まで高めた差別化戦略が裏目に出て、一般ゲームユーザーにとって手の届きにくい価格設定となり、計画通りの販売が実現せずに苦戦したということです。

差別化を狙うにしても、コスト地位を無視することはできないことを認識しておかなければなりません。なぜかというと、他社に比べてあまりにお粗末なコスト地位だったら、プレミアム価格そのものが消えてしまうからです。だから差別化戦略を実行する会社も、差別化に関係ない面においてコストを下げる努力を怠らず、競争相手と同等か近接した水準のコスト地位を狙う必要があるのです。❺

この PlayStation 3 の事例からもわかるように、ただ自社の製品・サービスを闇雲に差別化すればいいというものではなく、マニアだけに支持される機能開発のための無駄な原材料や研究開発の費用は極力抑え、価格的にも多くの消費者の手の届く範囲に収めたうえで、高い収益率を確保していかなければならないわけです。

POINT

差別化戦略の注意点

1. マニア層に偏った製品開発は避ける。
2. 原材料にこだわりすぎて顧客の手の届かない価格設定を行なわない。

Section 4　適切な事業戦略を選ぶ②コスト・リーダーシップ戦略
他社よりも低コストを実現することを目指す

　コスト・リーダーシップ戦略とは、競合他社に比べて低コストで製品を生産できる体制を整えて競争を優位に展開していく事業戦略です。

　コスト・リーダーシップ戦略の下では非常に大きなマーケットが存在する場合に、まず大規模な生産設備を建設して大量生産の体制を整えていくことになります。

　通常、初期投資額が大きい場合は、高い価格で早期に投資の回収を図りたいところですが、あえて赤字覚悟の低価格を設定して、いきなりマーケットシェアの拡大を狙っていくのです。

　そして、計画通りにマーケットシェアが拡大し、売上が上がれば、大量生産によってさらなるコスト削減が可能となり、利益の積み上げを図っていくという好サイクルを狙っていくことになります。

業界によってコスト削減法は変わる

　それでは、コスト・リーダーシップ戦略を実現するためにはどのような方法があるでしょうか？

　実のところ、コスト優位の源泉には、いろいろ種類が多く、業界の構造によってみな違うのが現状です。規模の経済性を追求するもの、独自の技術によるもの、他社より有利な原材料の確保の道などが挙げられます。❻

　ここでは、コスト・リーダーシップ戦略を実現する3つの方法を見ていくことにしましょう。

❻ M. E. ポーター著『競争優位の戦略』（ダイヤモンド社）より。

1つ目は、**規模の経済**と呼ばれるものです。規模の経済とは、簡単にいえば「生産規模が大きくなればなるほど、製品1個当たりにかかる生産コストが低くなる」ということ。

通常、企業が負担するコストは、原材料など売上に応じて変化する変動費と、人件費や地代家賃など売上にかかわらず一定にかかる固定費に分けることができます。

つまり、生産コストは変動費と固定費を足したものといえます。

ここで価格を低く設定して売上個数を増やしていくと、変動費は製品の原材料費になるので、売上個数に比例して増えていきますが、固定費はいくら売上個数が増えたとしても一定です。言い換えると、売上個数が増えれば増えるほど、製品1個当たりの固定費は低くなってくるわけです。

このように、生産量を増やせば製品1個当たりのコストが減少していくことを、規模の経済と呼んでいるのです。

とくに、大規模で事業を展開することが収益力のアップにつながる規模型事業の場合、既存の設備を活用して製品をつくればつくるほど規模の経済が働き、製品1個当たりのコストは安くなります。つまり、コスト・リーダーシップ戦略で高い収益力を実現できるわけです。

規模の経済

生産コスト		1,000個	10,000個
トータルコスト	変動費	300,000円	3,000,000円
	固定費	500,000円	500,000円
	計	800,000円	3,500,000円
1個当たりのコスト	変動費	300円	300円
	固定費	500円	50円
	計	800円	350円

生産を1000個から1万個に増やすことによって、1個当たりのコストが800円から350円に下がる（生産能力に余剰があり、生産拡大で固定費が変わらない場合）

2つ目は、**経験曲線**を活用する方法になります。経験曲線とは、簡単にいえば「製品の生産は経験を積めば積むほど、生産コストが低下してくる」ということ。

この経験曲線におけるコスト低下にはさまざまな要因が考えられます。

まず、生産の経験を重ねることによって、労働者が熟練していくことが挙げられます。労働者も初めて生産に関わる際には作業についていろいろととまどうこともありますが、慣れるにしたがって作業が効率的になってきます。

つまり、労働者が作業に慣れれば慣れるほど労働生産性が向上し、コストが低下することにつながってくるわけです。

次に、生産を重ねるほど、作業を専門化させたり、作業方法を改善したりして効率化が図られるという要因ももちろんあります。生産を行なうことによって、非効率なプロセスが明らかになり、そのプロセスの効率化を図ってコストを削減していくことです。

ほかにも、生産技術の改善や生産設備の能率向上、製品の改善、標準化などが経験曲線におけるコストが低下する主な要因といえるでしょう。

ただ、このような経験曲線も、すべての業界で適応できるわけではないので注意が必要です。

たとえば、製品や生産工程などで技術革新が頻繁になされる業界では、技術革新のたびに過去の経験がリセットされ、経験曲線効果が働きにくくなっています。

一般的には、経験曲線効果を利用できる業界は、「労働集約的であること」と、「画期的な技術革新が頻繁でないこと」という2つの特徴を兼ね備えている業界とされています。

3つ目は、**範囲の経済**を活用する方法です。範囲の経済とは、簡単にいえば「さまざまな事業を展開する場合、共通の経営資源を利用することで、一つの事業に対するコストを削減できる」ということです。

この範囲の経済を利用できる経営資源にも、さまざまなものがあります。

まずブランドです。すでに消費者の間で浸透しているブランドを多くの事業で共有することによって、製品・サービスを認知させるコストを削減できます。

たとえば、ソニーは「SONY」というブランドを利用して、コア事業であるAV機器ばかりでなく、銀行や生命保険といったコア事業とはあまり関連のない分野にも進出しています。

このような多角化の場合、すでに消費者が認知しているSONYというブランドをグループ会社で共有することによって、顧客からの信頼を早期に得ることが容易になり、事業開始当初から順調に業績を伸ばすことが可能になるわけです。

生産設備も、範囲の経済が働く要素といえます。現代では消費者の嗜好の多様化によって、多品種少量生産の必要性も高くなってきました。

そこで、各製品に対してそれぞれの生産設備を保有した場合、稼動率の低下などコスト面で問題が生じますが、生産設備を共有化することによって、生産設備への投資の削減や稼働率の向上の効果が図れて、コストの大幅な削減ができるようになるのです。

このように、規模の経済や経験曲線、範囲の経済という仕組みを活用すれば、他社よりもコスト優位を実現して競争を有利に進めていくことが可能になるわけです。

コスト・リーダーシップを実現する方法

1. 規模の経済 ……… 大量生産を行なう
2. 経験曲線 ………… 生産の経験を積む
3. 範囲の経済 ……… 複数の事業で同じ資源を活用する

コストを削減するにはさまざまな方法がある

コスト・リーダーシップ戦略の
メリットとデメリット

　それでは、このコスト・リーダーシップ戦略にはどのようなメリットとデメリットがあるのでしょうか？

　まず、メリットとして低価格製品の販売によって潜在需要を喚起し、いったん大きなマーケットシェアを獲得できれば、さらなる規模の拡大が図れ、結果としてより一層のコスト削減が可能になる点が挙げられます。
　低価格製品でマーケットシェアトップを実現できれば、さらなるコスト削減も可能になり、トップの地位をより強固なものにできるのです。

　また、コスト・リーダーシップ戦略では通常、低価格製品を市場に投入することになりますが、必ずしも薄利ではなく、高い利益率を実現できる場合も多く見受けられます。
　たとえば、「ユニクロ」は低価格のカジュアルウェアを提供していますが、同社の利益率は業界の中でもダントツに高い数値を示しています。コストを低く抑えるビジネスモデルを構築し、コスト・リーダーシップ戦略を追求していった結果、低価格の製品でも高い利益率が実現できるようになったというわけです。

　他にもメリットとして、コスト・リーダーシップ戦略を採用して規模を大きくしていけば、原材料などの仕入れ規模も非常に大きくなり、供給先企業に対して強い交渉力を行使できるようになる点が挙げられます。
　供給業者にとっては、売上を失えば業績に大きな影響が出るために、コスト・リーダーシップを採用している企業が主導権を握って交渉を進められるようになるのです。

　ただ、コスト・リーダーシップ戦略もメリットばかりではありません。

当然、デメリットも考えられます。

その最たるものは、すべての業界でコスト・リーダーシップ戦略を採用して成功を収められるわけではなく、業界によっては大量生産が事業の危機を招いてしまうことさえ考えられることです。

たとえば、低価格にしても売れない製品などは、大量生産でコストを削減し、低価格を実現したとしても、消費が増えるわけではなく、結局在庫となって大きな損失が発生してしまうことも考えられます。

また、同じような製品を大量生産するということは、個性のない製品につながり、モノが市場にあふれる現代では、ある程度のマーケットシェアを超えた段階で個性のない製品として消費者に敬遠され、急速に売上を落とす可能性も考えられるでしょう。

たしかにコスト・リーダーシップ戦略は、激しいビジネス競争を戦ううえで、低価格という強力な武器となり得ます。しかしその一方で、モノ不足の時代からモノがあふれる豊かな市場へと変化を遂げた現代社会では"諸刃の剣"となることを認識し、活用する必要があるでしょう。

> **POINT**
>
> **コスト・リーダーシップ戦略の注意点**
> 1. 低価格を実現すれば大きな需要を喚起できるかを事前に確認する。
> 2. マスプロダクションによる個性の欠如に注意しながら製品を提供していく。

Section 5　適切な事業戦略を選ぶ③集中戦略

競合のいない市場で自社の強みに特化する

　差別化戦略やコスト・リーダーシップ戦略を採用する際には、大きなマーケットで自社の製品を差別化したり、巨額の設備投資を行なって低コスト生産システムを構築したりなど、初期投資コストが非常に大きくなるために、経営資源の豊かな企業にとって有利な戦略といえます。

　一方で、経営資源に劣る企業はそのような大きな市場において、大手企業に対して互角の戦いを望むことはむずかしいといわざるを得ないでしょう。

　ただ、経営資源の乏しい企業は、常に大手企業の後塵を拝さなければならないかというと必ずしもそうではありません。

　経営資源の乏しい企業はその企業なりの戦い方があるのです。

　簡単にいえば、経営資源が乏しい企業は自社よりも強い企業が参入してこない市場を発見して、経営資源をその市場に集中的に投下すればいいのです。

　つまり、大手企業が費用対効果の点で参入を躊躇するターゲットを対象にするか、大手企業よりも独自の技術を活かせるマーケットにフォーカスして事業を展開することになります。

差別化集中か？
コスト集中か？

　この特定のターゲットマーケットにおいて自社の強みを活かして競争優位を築いていく事業戦略が、**集中戦略**と呼ばれるものです。

集中戦略は細かく分類すると、特定の市場で他社と差別化された製品を提供する**差別化集中戦略**と、低いコストで優位に立つ**コスト集中戦略**に分類することができます。

特定の分野に経営資源を集中させた場合でも、他社の真似できない製品を提供するか、もしくは低いコスト体質で利益の上がるビジネスモデルを構築するかが、競争を優位に展開するための要因になるということです。

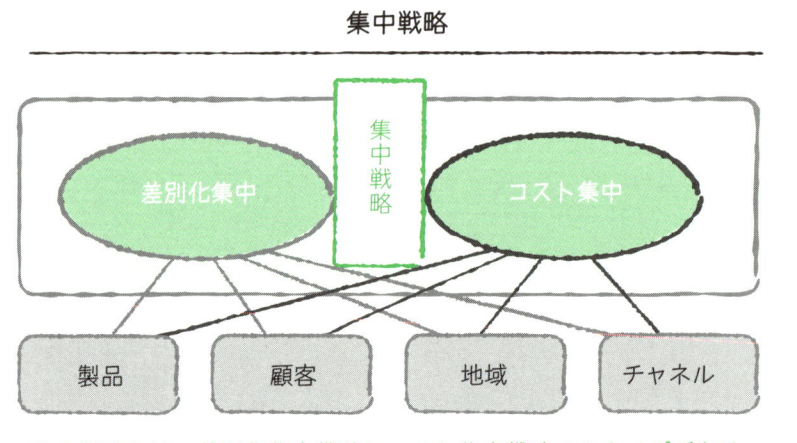

集中戦略

差別化集中 / 集中戦略 / コスト集中
→ 製品・顧客・地域・チャネル

集中戦略には、差別化集中戦略とコスト集中戦略の2タイプがあり、それぞれ製品・サービスを始め、顧客、地域、そしてチャネルなどの特定の分野にフォーカスすることによって、競争を優位に展開できる

この集中戦略では、特定の製品という視点ばかりでなく、顧客、地域、そしてチャネルという4つの分野のいずれかへの特化も考えられます。

まず、**特定の製品に特化**する集中戦略の場合、独自の技術力や仕入先など、自社の経営資源が最も活きる分野に経営資源を集中させていくことになります。

たとえば、吉野家は提供するメニューを牛丼に絞り込むことによって、オペレーションのコストを引き下げたり、原料となる牛肉の大量仕入れに

よるバイイングパワーを活かしたりして、集中戦略の中でもコスト集中戦略を採用し、これまで競争を優位に展開してきました。

次に、**特定の顧客に特化**する集中戦略の場合は、顧客を年収や保有資産、年齢など、さまざまな切り口から分類して、他社が力を入れていない顧客層に特化して製品・サービスを提供していきます。

そして、**特定の地域に特化**する集中戦略の場合は、事業を展開する地域を限定して、狭いエリアに経営資源を集中的に投入することによって、競争を優位に進めていきます。

通常、事業を行なう場合は、より大きな市場で展開したいという願望をもつかもしれませんが、そこをあえて自社の強みが活きる地域に絞り込んでいくことにより、その地域にどんな企業が参入してきても太刀打ちできないような、盤石な経営基盤を比較的小さな市場に築くのです。

最後は、**特定のチャネルに特化**する集中戦略の場合です。このチャネル特化型集中戦略では、インターネットや特定の小売店など限定した流通チャネルに集中的に経営資源を投下して、競争を優位に展開していくことになります。

集中戦略の
メリットとデメリット

それでは、この集中戦略にはどのようなメリット、そしてデメリットがあるのでしょうか？

まず、集中戦略のメリットとしては、どんな規模の企業でも、自社の得意分野に経営資源を集中投下することによって、競争を優位に展開できる点が挙げられます。

一般的にビジネスでは規模の大きな企業がどんな市場においても競争を優位に進められると考えられがちですが、規模が大きいゆえに小さなニッチ市場には手を出さないことがあります。

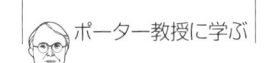

また、たとえニッチ市場に大手企業が参入してきたとしても、経営資源を分散して投入するケースがほとんどですから、自社がニッチ市場にすべての経営資源を投入して戦えば、互角以上の戦いができるわけです。

自社の得意な分野にいち早く経営資源を集中投下し、ニッチ市場で効率的な事業展開を図って、質の高い製品・サービスを提供しつつ、顧客の信頼を高めてブランドを築いていけば、いかに大手企業といえどもその壁を崩すことはむずかしいでしょう。

ただ、集中戦略にもメリットばかりでなく、デメリットも存在します。

まず、1つ目のデメリットは、集中戦略では特定の分野に特化しているために、不測の事態が発生したときに大きなダメージを負う可能性が高いことです。

たとえば、アメリカで狂牛病が発生した際に、日本への牛肉の輸入がストップしました。この輸入制限により、アメリカ産の牛肉にこだわって牛丼を提供していた吉野家は、食材の供給がストップしたうえに、牛肉に対する消費者のイメージ悪化から、非常に大きなダメージを受けました。

牛丼に極端に頼り切ったメニューや、原料をほぼアメリカ産の牛肉で賄うという集中戦略が、裏目に出てしまったのです。

2つ目のデメリットとしては、フォーカスする市場が非常に小さい場合、たしかに大手企業はあまり儲けが見込めないために参入してこないかもしれませんが、市場があまりに小さく、消滅してしまう可能性もあることです。

3つ目のデメリットですが、差別化集中戦略で小さな市場でマニア層を対象に事業を展開した場合、こだわりの製品・サービスを提供するためにコストを度外視すると、結局非常に高額な価格設定になり、顧客が欲しくても手が出せない事態となって、売上が上がらないというリスクも考えら

れます。

　集中戦略では、このようなリスクを事前に調査・分析し、不測の事態に備えて対応策を検討したうえで、戦略を検討していく必要があるといえます。

> **POINT**
>
> **集中戦略の注意点**
> 1. 原材料の供給ストップ、市場の消滅など、不測の事態が発生した場合の影響や対応策を事前に把握しておく。
> 2. 差別化集中の場合は、少数の顧客に対して許容範囲を超えた高価格の設定にならないように注意する。

Resting Time

2時間目のまとめ

　ポーター教授は、僕に事業レベルでの競争に勝ち抜く自信を植えつけて、教室を後にした。

　ポーター教授の講義で学んだことはこうだ。
　まず、事業として収益を上げる可能性を高めるために、ファイブフォース分析を通して収益性の高い業界に参入することと、限りある自社の経営資源を最大限に活かすために、バリューチェーン分析を行なって、バリューチェーンにおける自社の強みを特定し、さらに強化することの重要性である。
　そして、どのような事業をどのようなビジネスモデルで展開するかが決まれば、「差別化」「コスト・リーダーシップ」「集中」という３つの基本戦略から、自社に適切な戦略を採用することにより、業界での競争優位が実現できる……

　続いて僕に必要なのは、マーケットレベルで、どのように売上を上げて利益を確保するかという方法。つまり、具体的なマーケティング施策を考えていかなければならないのである。

　マーケティングといえば、第一人者はフィリップ・コトラー教授だ。３時間目は、コトラー教授の口から直接マーケティングのセオリーを学ぶことができる。

　僕は、はやる心を押さえきれず、コトラー教授の登場をいまかいまかと待ち構えた。

ようやく教室のドアが開いた。コトラー教授は壇上へまっすぐに歩いていく。
　３時間目の始まりだ……

2時間目のノート
＜事業戦略＞

◎事業の収益性は外部環境に大きく影響を受ける。ファイブフォース分析を通して業界の競争構造を分析することで、事業の収益性を予測することができる。

◎自社独自のビジネスモデルは競争上の優位性を確立するうえで有効に機能する。バリューチェーン分析で、付加価値を生み出すプロセスを細分化し、自社の強み・弱みを把握する必要がある。

◎競争を優位に戦うために3つの基本戦略がある。企業は自社の置かれた環境に応じて、「差別化」「コスト・リーダーシップ」「集中」から、適切な戦略を選択すべきである。

3時間目

コトラー教授に学ぶ
「売れる仕組みの構築法」

> こんにちは、コトラーです。3時間目からは、より具体的な戦略の分野に入っていきます。
> 現在、多くの市場が成熟化してモノが売れない厳しい時代ですが、どんな環境においてもマーケティング戦略を駆使すれば、高い売上目標をクリアすることが可能です。
> 今日の講義では、業種や規模にかかわらず、売上アップを実現するマーケティングのエッセンスについてお伝えしていきます。
> それでは、講義を始めることにしましょう。

Kotler

フィリップ・コトラー
シカゴ大学で修士号、マサチューセッツ工科大学で博士号を取得。現在、マーケティング分野で全米 No.1 のノースウェスタン大学（ケロッグ・スクール）の教授を務める。現代マーケティングの第一人者であり、R-STP-4P というマーケティングマネジメントを体系化させた立役者。2011年時点で14版を重ねる『マーケティング・マネジメント』はマーケティングのバイブルとして多くのビジネスパーソンに愛読されている。

コトラー教授に学ぶ

Section 1 マーケティングリサーチを実施する
顧客、競合、自社を知ることから始める

マーケティングに長けた企業には共通点があります。その共通点とは、顧客をよく知っていることです。

ビジネスとは、顧客が期待するものと金銭との交換プロセスです。企業は、顧客が期待するものを詳細に把握していなければ、対価としての金銭を得ることもできません。

そこで、マーケティング戦略を立てる際に、最も重要でかつ最初に行なわなければならないのが、顧客を詳細に知るというプロセスです。

調査はマーケティングの出発点である。調査をせずに市場参入を試みるのは、目が見えないのに市場に参入しようとするようなものです。[1]

このマーケティングリサーチの重要性を認識している企業だけが、市場で成功を収めることができるのです。

顧客に直接聴かなければ顧客のニーズはわからない

顧客が何を望んでいるかを分析する顧客分析は、マーケティングの出発点であり、非常に重要な分析といえますが、注意しなければならないポイントがあります。それは、「顧客に直接聴く」ということです。

往々にして、顧客に直接聴くことなしに、担当者の思い込みで顧客のニーズの仮説を立てる場合もあるでしょう。

ただ、会議室の中だけで予測されたニーズと実際のニーズには大きなギャップが存在するのは明らかです。

[1] フィリップ・コトラー著『コトラーの戦略的マーケティング』(ダイヤモンド社) より。

実際にお客様の声を聴きながら、お客様がどんな期待をもっているのかを把握していけば、マーケティング戦略で間違うことは少なくなるといえるでしょう。

　営業担当者が直接お客様に製品の感想をヒアリングしたり、店舗でお客様へのアンケートを実施したり、対象顧客に集まってもらって集団でインタビューを行なったりと、直接お客様から意見を収集する方法は数多くあります。

　顧客のニーズは常に変わっていくものなので、機会があるごとに顧客の声に耳を傾け、真のニーズの分析に努めていく努力を怠らなければ、顧客の望む製品・サービスを提供して常に満足度を高めていくことも可能になるでしょう。

> **POINT**
> マーケティングの出発点は顧客をよく知ること。直接接する機会を設けて顧客の生の声を聴いてみよう。

自社にとっての競合を明確化する

　顧客について入念な分析が終われば、競合企業の分析を行なっていきます。

　ビジネスとは、限られたマーケットの中でライバル企業と顧客を奪い合う争いという一面を兼ね備えています。したがって、顧客に対してライバル企業を超える価値を提供し続けなければ、顧客の支持を得続けることはむずかしいでしょう。

　「彼を知り己を知れば百戦殆（あやう）からず」という言葉が示すように、競争に勝ち残るためには、まずライバル企業を徹底的に調査・分析する必要があるのです。

競合分析において、まずは自社のライバル企業を特定していきます。「真の競合相手は誰なのか？」を明らかにしていくプロセスです。

一般的に、同じ業界に属する企業をライバル企業とみなす場合が多いかもしれませんが、たとえ同じ業界に属していても、ターゲット顧客が違えば競合とならない場合もあります。

同じ業界に属していなくても、同じ顧客層にターゲットを絞り、同様の目的を達成できる製品・サービスを提供していれば、ライバル企業とみなしたほうがいい場合もあります。

たとえば、初心者向けにパソコンの扱い方を教えるスクールは、パソコンスクール業界に属しているといえますが、同じパソコンスクール業界でも高度なプログラミングを教える専門学校と比べると、ターゲット顧客が初心者と上級者ではまったく異なるので、真の意味で競合とはいえません。

一方で、初心者向けにパソコンの知識を伝えるマニュアル書、すなわち出版業界とは業界は違えどターゲット顧客が同じになるので、競合関係にあるといっても差し支えないかもしれません。

このように、自社が事業を行なう際、どの企業が実際に競合に当たるかを把握したうえで、競合企業の事業規模や保有する経営資源、提供する製

競合分析

業界に捉れることなく、真の競合企業を特定して、次のような競合分析を行なっていく

1. 競合企業の事業規模
2. 保有する経営資源
3. 提供する製品やサービス
4. 流通網
5. 製品・サービスの価格帯
6. 経営者のリーダーシップ
7. 強み・弱み

品・サービス、流通網、製品・サービスの価格帯、経営者のリーダーシップ、強み・弱みなど、競合企業に関する情報を分析し、ライバル企業の動向を詳細に把握すれば、効果的なマーケティング戦略の立案につなげていくことができるでしょう。

自社分析に必要な4つのポジション

　競合分析が終われば、同じ要素について自社分析を行なっていきます。そうすることによって、競合企業と自社の比較が容易になり、ビジネスを展開するうえで相対的な強み・弱みを明らかにし、将来的にどんな機会があるのか、もしくはどんな脅威が待ち構えているかを浮き彫りにできるようになります。

　また、市場、競合、自社の分析を通して、自社の業界内での競争上の地位が明確になれば、立場に応じた適切な戦略を立てられるようになります。

　この業界内の競争上の地位に応じた戦略では、ポジションを4つに分けて、それぞれの地位に応じた最適の競争戦略を採用しなければいけません。

　まず、1番目の戦略は圧倒的なマーケットシェアを誇り、市場を支配するトップ企業の**リーダーの戦略**です。

　市場リーダーの目的は、シェアトップを維持することにあります。すなわち、市場シェアの拡大や市場規模の拡大が、市場リーダーの主要な目標といえます。

　このような市場リーダーの戦略は**全方位化**です。これはライバルを"包み込んでいく作戦"になります。

　たとえば、ライバル企業がユニークな製品を市場に投入して差別化を図ってきた場合は、その模倣商品をすぐさま投入し、「同質化」を図り、ライバル企業の快進撃を食い止めていくのです。

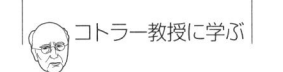

トップ企業は経営資源も豊富なので、経営資源にモノを言わせて、最新鋭のシステムを導入して作業の効率化を図り、コスト削減を実現し、コスト・リーダーシップを確立する戦略も有効になってきます。
　コスト・リーダーシップによって、利益率がさらに向上し、業界での地位をさらに安泰させる再投資を行なうという好循環を実現することもできます。

　次に、市場で２番手のシェアを誇り、トップの座を虎視眈々と狙う企業は、**チャレンジャーの戦略**を採用すべきです。
　チャレンジャーの目標は、シェアを拡大してトップを奪取することにあります。ただ、正面切ってリーダーに戦いを挑んでも、通常、リーダーのほうがヒト・モノ・カネという経営資源すべてにおいて勝っているので、返り討ちに遭う可能性が非常に高いといえます。
　そこで、リーダーが取り組んでいないことでシェアを獲得していくことが、チャレンジャーに適した戦略になります。
　リーダーと**差別化**を行なうというわけです。

　また、チャレンジャーは２番手グループなので、チャレンジャー以下の企業が多数存在するはずです。上位企業に向かっていくよりは、自社よりも弱い企業を叩くほうが顧客を獲得できる可能性が高いことを考えれば、自社よりも下位の企業を攻めて顧客を奪い取り、マーケットシェアの拡大を図るという戦略も重要になってきます。
　チャレンジャーは、リーダーが極力真似できない独自性のあるビジネスモデルを構築し、下位企業を攻めながらマーケットシェアの拡大に努めることになるのです。

　そして、業界３番手以下で積極的にトップを目指さない企業は、**フォロワーの戦略**を採用することができます。
　フォロワー企業は、シェアを維持することが目標になります。事業で打

撃を受けないためにも、自社でリスクの伴う新しい試みは避け、上位企業がすでに成功した仕組みを取り入れて安全に低コスト化を図るなど、無理をしない戦略が採用されることになります。

つまり、フォロワーの戦略のポイントは**効率化**といえるでしょう。

事業の効率化を図り、製品をできる限り低価格で提供し、マーケットシェアを低下させない努力が必要になってくるわけです。

フォロワーは、リーダーやチャレンジャーに比べると経営資源が乏しいために、自社で率先して業界をリードする製品・サービスを投入するよりは、上位企業の動向を見ながら直接の競争を避け、上位企業の成功事例を自社に取り込むことで効率化を図り、マーケットでの存続を目指していかなければなりません。

最後に、業界の上位企業と正面切って戦う経営資源に乏しい企業は、主要プレーヤーがカバーしきれない領域に特化して、その分野で高いマーケットシェアを獲得する**ニッチャーの戦略**が適切な戦略といえます。

ニッチャーは小さな市場で独占することを目指します。通常、ニッチャ

競争上の地位に応じた戦略

自社分析を通して自社の業界におけるポジションを明確にして適切な戦略を選択しよう

1. リーダーの戦略　……………　全方位化
2. チャレンジャーの戦略　……　差別化
3. フォロワーの戦略　…………　効率化
4. ニッチャーの戦略　…………　集中化

ーは規模が小さく、圧倒的に経営資源が乏しい場合が多いので、特定の分野に集中して経営資源を投下して技術力を向上させたり、よりコアな顧客にフォーカスして身近な存在となって信頼を獲得したりと、**集中化**が目標を達成するには最適の戦略といえます。

この集中化を図って、特定の市場で No.1 を目指していくわけです。

マーケティングで成功を収めたければ、まずは顧客をよく知り、競合分析や自社分析を踏まえて、地位に応じた適切な戦略を採用することです。それによって、マーケティングの失敗を減らし、業績を最大化させることが可能になるでしょう。

Section 2　ターゲット顧客を設定する

狙うべき市場を決めて競合との争いを避けよう

　マーケティングリサーチが終了すると、続いて市場を絞り込んでいくプロセスに移ります。この市場を絞り込む際のファーストステップが、**セグメンテーション**です。

　セグメンテーションとは、大きな市場をある条件によって細分化していく活動です。細分化する条件は、業種や自社を取り巻く環境に応じて適切なものを選択していくことになります。

なぜセグメンテーションが必要なのか？

　たとえば、最も一般的な市場細分化は地理的条件（**地理的変数**）によるものです。

　地理的条件では、関東や関西などの地域や人口、人口密度などの基準で市場を細分化していきます。

　次に消費財のマーケティングで多く活用されるものが、人口動態に関する条件（**人口動態変数**）です。

　この場合、市場を年齢や性別、所得や職業などで細分化していくことになります。

　セグメンテーションは、その他にも社会階層やライフスタイルなどの消費者の生活様式やパーソナリティに基づく心理的条件（**心理的変数**）と、使用者のロイヤリティや製品に求める要素といった消費者の製品に関する知識や態度に基づく行動的条件（**行動変数**）を活用して、市場を細分化していくこともできます。

このセグメンテーションのプロセスでは、自社に適した条件で市場を細かく分類していくことになりますが、そもそもなぜ市場を細分化する必要があるのでしょうか？

「市場を細分化することなしに大きなマーケットを狙えば、それだけ大きなビジネスチャンスを摑めるのではないか？」と、疑問に思う人もいることでしょう。

ただ、実際にはセグメンテーションを行なうことなしにマーケティング戦略を立てても、大きなチャンスを捉えることはむずかしいといわざるを得ません。

その理由としては、次のようなポイントが挙げられます。

1つ目は、「すべての人のすべてのニーズに応えることは不可能である」ということです。

たとえば、携帯電話であれば、1億3000万人の日本人すべてのニーズを満たす携帯電話の端末とは、どのようなものが考えられるでしょうか？

もし、この質問をクリアして、企業が運よくすべての人のニーズを満たす端末を見つけても、それを開発して市場に投入するには莫大なコストが必要になります。そして、高コストゆえに価格も非常に高くなり、ターゲットにする多くの人には手が届かないというジレンマに陥ることになるのです。

2つ目として、「すべての人を対象にした製品は結局のところ消費者の心を捉えない」ということが挙げられます。

「あれもできます」「これもできます」という、すべての人のすべてのニーズを対象にした製品・サービスというのは、いってみれば汎用品であり、プロダクトコンセプト自体が非常に曖昧で不明確なものになります。コンセプトが不明確な製品・サービスは、プロダクトとしての魅力に乏しく、多くの消費者の心を捉えることは非常にむずかしいでしょう。

セグメンテーションの基準

セグメンテーションにはさまざまな切り口がある。自社独自の切り口で差別化を目指そう

地理的変数　最も基本的な変数

細分化変数	具体例
・地域 ・人口 ・人口密度 ・気候 ・地形	・関東、関西、東日本、西日本など ・10万人以下、100万人以上 ・都市部、郊外地、地方都市など ・寒冷地、温暖地など ・山間部、沿岸部など

人口動態変数　消費財のマーケティングでよく利用される変数

細分化変数	具体例
・年齢 ・性別 ・世帯構成 ・所得 ・職業 ・教育 ・国籍 ・ファミリーライフサイクル	・10代、20代、30代、40代など ・男性、女性 ・1人、2人、3人、4人以上など ・100万円未満、300万〜500万円など ・専門職、技術職、事務職、経営者、無職など ・中卒、高卒、大卒など ・日本、韓国、中国、アメリカ、イギリスなど ・独身、既婚者子どもなし、既婚者子どもありなど

心理的変数　消費者の生活様式やパーソナリティを基本にした変数

細分化変数	具体例
・社会階層 ・ライフスタイル ・パーソナリティ	・下流、中流、上流、負け組、勝ち組など ・洋風、和風、ブランド志向など ・社交的、権威主義的、野心的など

行動変数　買い手の製品に対する知識や態度に関する変数

細分化変数	具体例
・使用者タイプ ・ロイヤリティの程度 ・購買準備段階 ・製品に対する態度 ・使用率 ・求めるベネフィット	・初めての使用者、常時使用者など ・無し、低い、高いなど ・未認知、認知、理解、関心、欲求、購買意図 ・熱狂的、肯定的、無関心、否定的、敵対的 ・少量、中量、大量 ・経済的、品質、サービス、利便性、快適性

3つ目は、企業の経営資源の問題です。

　「ヒト・モノ・カネ」という企業の保有する経営資源が無限にあれば、すべての消費者を対象とする非常に大きなマーケットで事業を展開しても問題はないかもしれません。ただ、現実には企業のもつ経営資源には限りがあります。

　この限りある経営資源を有効に活用して収益を上げていくには、自社の得意とする市場や強い競合相手のいない市場にフォーカスして、事業を展開していく必要があるのです。

　マーケティングでは、市場を同じ趣味や嗜好、考え方をもつ小さなマーケットに細分化して、顧客がどのような必要性や欲求をもっているのかを詳細に把握します。そうすることで、ヒット商品を生み出す可能性を高められます。

　とくに業界で一般的に採用されている基準ではなく、自社独自の切り口でセグメンテーションを行なって差別化された製品・サービスを市場に投入することは、マーケティング戦略を成功させるための重要なカギを握るといっても過言ではないでしょう。

ターゲティングを行なう際の
３つのポイント

　企業は限りある経営資源を最大限に活用するために、市場をある条件によって細分化するセグメンテーションを行なったうえで、自社の強みが最も活きる市場を見つけ出していかなければなりません。

　このプロセスは**ターゲティング**と呼ばれ、ビジネスの対象となる顧客を明確に定めていくことになります。

　それでは、マーケティング戦略において、ターゲティングを行なう際にどのようなポイントに注意すべきなのでしょうか？

まず、第1のポイントとして、細分化した市場の特徴を十分に把握すること。

セグメンテーションによって市場を細分化していけばしていくほど、市場規模は小さくなります。そこで、細分化された市場が自社にとって十分収益を上げられる規模かどうかを見極めなければなりません。

いくら市場を細分化して、強力なライバル企業が存在しない市場を見つけ出したとしても、市場規模があまりに小さく、企業規模にふさわしい収益を上げられなければ、参入する意味がありません。

細分化された市場において、自社がどのくらいの経営資源を、どのくらいの期間投資して、どのくらいの収益を上げることができるのかを予測したうえでターゲティングを行なうことは、非常に重要なポイントです。

ただ、現状は自社にふさわしい収益を上げるために十分な市場規模がなくても、将来的に市場が大きくなる可能性があれば、その成長性を考慮して参入することも考えられます。

いまはたとえ数千万円の市場規模でも、数年後には数十億円、数百億円の市場規模まで成長する場合もあるでしょう。つまり、慎重にターゲットとする市場を分析して、正確に成長性を予測したうえで参入の決定を行なわなければならないということです。

将来的に高い成長性が期待できる市場は、今後数多くのライバル企業の参入も考えられるために、市場分析に加えてライバル企業の動向も予測し、万全の戦略を立てておく必要もあるでしょう。

次に、第2のポイントとして、ターゲットとする市場において、自社の強みが十分に活かされるかどうかを把握すること。

収益を上げるのに十分な規模、もしくは将来性のある市場でも、自社の強みがまったく活かせない市場では、たとえ現状ライバル企業が存在していなくても、いずれその市場で力を発揮できる後発企業が参入してきたときに、すぐにマーケットシェアを奪われてしまう可能性が高くなるのです。

最後の第3のポイントは、自社のミッションやビジョンとの整合性がとれたターゲティングを行なうこと。

企業にとって収益を上げることは非常に重要ですが、決してそれだけではありません。儲かる市場ということだけでターゲティングを行なってしまうと、自社の社会的な存在意義や目指すべき方向性とギャップが生じ、

ターゲティングのパターン

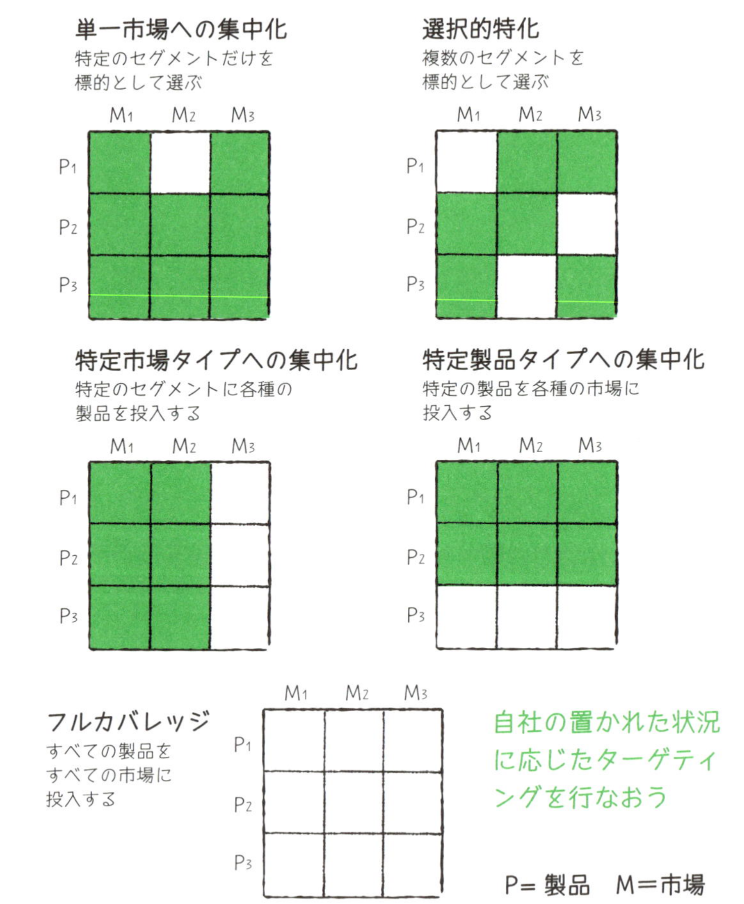

単一市場への集中化
特定のセグメントだけを標的として選ぶ

選択的特化
複数のセグメントを標的として選ぶ

特定市場タイプへの集中化
特定のセグメントに各種の製品を投入する

特定製品タイプへの集中化
特定の製品を各種の市場に投入する

フルカバレッジ
すべての製品をすべての市場に投入する

自社の置かれた状況に応じたターゲティングを行なおう

P＝製品　M＝市場

出所：フィリップ・コトラー、ケビン・レーン・ケラー著
『コトラー&ケラーのマーケティング・マネジメント[第12版]』（ピアソン桐原）をもとに作成

長期的に事業を継続することは困難になります。

　あくまでもターゲティングを行なう際は、自社の掲げるミッションやビジョンとの整合性を確認しながら、適切な市場や製品ラインを選択していく必要があるわけです。

ポジショニングで直接の競争を避ける

　ターゲットを定めた市場に競合企業がまったく存在しなければいいのですが、そのような都合のいい状況はまずあり得ないと考えましょう。とくに、自社よりも強い競合企業が存在した場合は非常に厳しい競争が予想されます。

　そのような場合、ターゲット市場で他社とまったく違った切り口でビジネスを展開していけば、競合企業と直接の競争を避けていくことが可能になります。これは**ポジショニング**と呼ばれる戦略です。

　つまり、ポジショニングとは、ターゲットとする市場で競合他社の戦略を分析して、競合他社が存在しておらず、かつ自社の経営資源が十二分に活かせるポジションを発見して、独自性や差別性を発揮してビジネスを成功に導いていく手法なのです。

　ポジショニング戦略を実施する際には、まずポジショニングの軸を定めてターゲットとする市場で、どの企業がどのような戦略でビジネスを展開しているのかを把握したうえで、自社の独自性の発揮できるポジションを見つけ出していきます。

　通常、このプロセスでは、企業のビジネスの違いを明確化する要因を２つ設定し、それらを縦軸と横軸に割り当てた**ポジショニングマップ**という図を描いていきます。

たとえば、アパレル業界のポジショニングマップにおいて、横軸に低価格か、高価格かという「価格」の要因、縦軸にベーシックか、ファッショナブルかという「デザイン」の要因を割り当てたとします。

この2つの要因をもとにポジショニングマップを描けば、「ユニクロ」は低価格でベーシックのポジションに位置するでしょうし、「フォーエバー21」は低価格でファッショナブルなポジションに位置するでしょう。

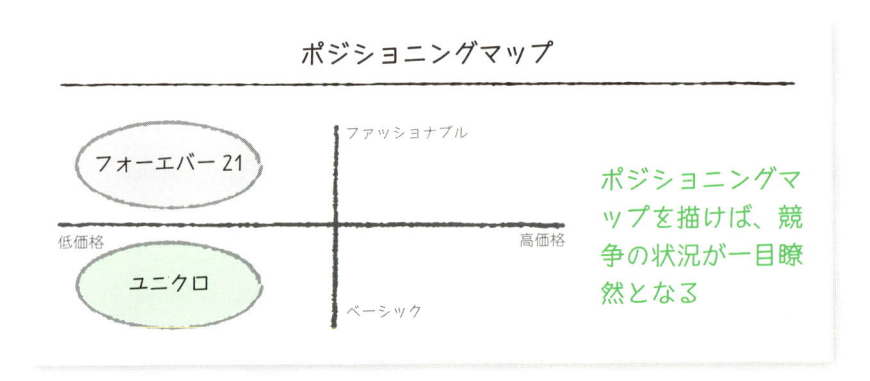

ポジショニングマップ

（フォーエバー21：低価格・ファッショナブル／ユニクロ：低価格・ベーシック）

ポジショニングマップを描けば、競争の状況が一目瞭然となる

このようにポジショニングマップを描けば、両社は市場での位置取りが微妙に異なっているので、直接の競合にはならないことが一目でわかります。

つまり、ポジショニングマップを描けば、各企業が独自のポジションでビジネスを展開することも可能になり、無用の競争を避けられるようになるわけです。

ポジショニングは、競争が激化する市場でライバル企業との無用の競争を避けるために非常に重要なマーケティング戦略といえます。

ポジショニングをしっかりと行なえば、競合のいない自社独自の魅力を十分にアピールできる位置取りを実現して、顧客に自社製品を他社製品との天秤にかけられることなく、独自のビジネスを展開していくことも可能になるのです。

Section 3　顧客の望む製品を開発する
「こんな製品を待っていた！」と思わせよう

　マーケティングでは対象とする顧客が決定すれば、その顧客の欲しくなる製品・サービスを開発し、提供していくことが成功のカギを握ります。

プロダクトアウトか、マーケットインか

　製品に関わる戦略、すなわち**プロダクト戦略**には、大きく分けて2つのアプローチがあります。

　一つは、顧客の表面化していないニーズを推測し、これまでの常識では考えられなかった製品・サービスを市場に投入していくパターンです。
　このパターンの製品開発は、企業の技術力やアイデア主導で進められ、**プロダクトアウト**のマーケティングと呼ばれています。

　たとえば、ソニーのウォークマンは、プロダクトアウトによる製品開発の好事例といえます。
　ウォークマン自体は消費者が意識的に望んでいた結果開発されたものではなく、ソニーの技術力やアイデアが、それまで家でしか聴けなかった音楽を小型の携帯音楽プレーヤーとして外に持ち出すという、当時としては夢のようなシーンを現実のものにした画期的な製品だからです。
　ソニーはその後も時代を先取りした製品を次々市場に投入し、自ら市場を創造するマーケティングで成功を収めてきたことを考えれば、典型的なプロダクトアウトタイプの企業ともいえるでしょう。

もう一つは、顧客のニーズを徹底的に分析し、市場で求められている製品・サービスを開発して市場に投入していくパターンです。

このパターンの製品開発は、顧客の必要性や欲求を入念に洗い出して必要なものを提供するという市場中心主義で進められ、**マーケットイン**のマーケティングと呼ばれています。

このマーケットインのプロダクト戦略を得意としている企業としては、花王が挙げられます。

花王は家庭用品において日本を代表する企業ですが、そのマーケティング戦略は徹底的に顧客目線で進められています。マーケティング担当者は、消費者の生活に密着し、何百もの一般家庭を訪問したうえで、徹底的に顧客のニーズを洗い出していくのです。

そんなマーケットインのプロダクト戦略で開発された画期的な製品に『アタック Neo』があります。

アタック Neo は、「洗剤は重い」「洗濯は時間がかかる」「洗濯にかかる電気代や水道代を節約したい」という消費者の声に対して、液体洗剤を濃縮して従来の半分の容量で同じ回数洗濯できて、しかも泡切れのよい成分を使うことですすぎが1回で済むという、まさに消費者のニーズに真正面から取り組んで不可能を可能にした画期的な洗剤といえます。

プロダクト戦略では、消費者に「そうそう、こんな製品を待っていたんだよ！」と思わせなければなりません。そのためには、卓越した技術力で消費者が想像すらしていなかった製品を世に送り出すプロダクトアウトか、徹底した顧客調査で顕在化している顧客のニーズに対応するマーケットインを極めることで理想を実現できるといえるでしょう。

POINT

プロダクト戦略では、顧客に夢のような製品を届けるプロダクトアウトの方法と、顧客のニーズに徹底的に対応するマーケットインの方法がある。

差別化し、価値を高めて
売上を上げる2つの方法

　プロダクト戦略での成功の秘訣は、何らかの方法で他社の製品・サービスと差別化し、顧客に価値を感じてもらうことです。

　すべての製品が差別化できるか懐疑的な人もいるかもしれませんが、マーケティングの権威であるセオドア・レビット教授も言っているように、「コモディティなど存在しない。すべての財とサービスは差別化可能」[2]なのです。

　やはり、顧客が自社製品を購入してくれるということは、何らかの理由があるはずです。企業側にとっては、その顧客が購入に至る理由を把握して強化していく必要があるというわけです。

　顧客が購入に至る理由はしばしば**USP**と呼ばれ、マーケティング戦略上重要なカギを握ります。USPとはUnique Selling Propositionの略であり、簡単にいえば自社が提供する独自の"売り"のことです。

　たとえば、ディズニーランドのUSPは「夢と魔法の世界を体感できる非日常的空間」といえるでしょう。このように他の企業では提供できない独自の売りが強力であればあるほど、多くの顧客を惹きつけて高い売上を実現することにつながっていくのです。

　また、売上を上げるという意味では、品揃えを充実させて**クロスセリング**や**アップセリング**を行なうことも有効に機能します。

　クロスセリングとは、メインの製品に関連のある製品の品揃えを充実させて、セットで販売し、売上をアップさせていくプロダクト戦略です。

　たとえば、ディズニーランドの場合、アミューズメントパークがメイン製品です。もちろん、アミューズメントパークだけでも、質の高いサービスを提供していて、多くの利用者を魅了して高い売上を上げることができ

[2] フィリップ・コトラー著『コトラーの戦略的マーケティング』（ダイヤモンド社）より。

ますが、さらに食事やお土産などのディズニーの関連製品をパーク内で販売することによって、より多くのお金が消費され、売上向上につながってくるわけです。

　売上向上には、アップセリングというプロダクト戦略も活用できます。アップセリングとは、グレードの違う複数の製品を準備して、より質が高く、価格も高い製品の購入を促していく戦略です。
　たとえば、ディズニーランドではオフィシャルホテルの運営も行なっていますが、さまざまなグレードのプランを用意して、より魅力的なサービスの高いプランをお客様に勧めることにより、顧客単価が向上し、売上アップにつながっていくのです。

クロスセリングとアップセリング

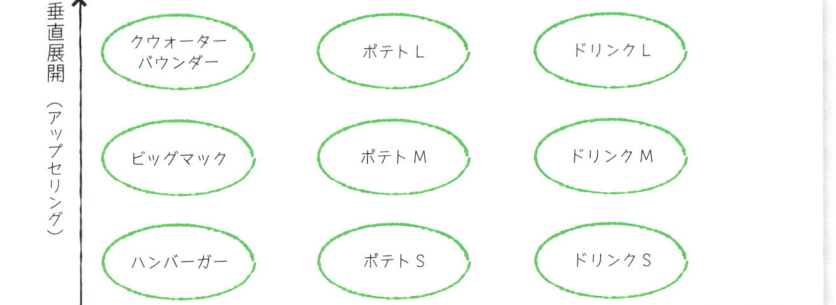

垂直展開（アップセリング）

クウォーターパウンダー	ポテトL	ドリンクL
ビッグマック	ポテトM	ドリンクM
ハンバーガー	ポテトS	ドリンクS

→水平展開（クロスセリング）

プロダクト戦略で関連商品やグレードアップ商品を売ることにより、売上のアップが図れる（マクドナルドの場合）

Section 4　適切な価格を設定する

プライスを工夫して心理的ハードルを下げる

　マーケティングにおいて、**プライス戦略**は重要な意味をもちます。価格は企業の売上や利益に直結するうえに、顧客に対して強力なメッセージ性を併せもつからです。

価格を設定するさまざまな方法

　たとえば、差別化戦略を採用している企業であれば、自社の製品に高い価格を設定して自社のブランド力をアピールするでしょうし、コスト・リーダーシップ戦略を採用している企業であれば、低い価格を設定してお買い得感を醸し出していくでしょう。

　ここで、企業のプライス戦略をタイプ別に見ていくことにしましょう。

　まず、最もシンプルな価格設定方法は**コスト志向型価格設定**と呼ばれる手法です。
　コスト志向型価格設定の下では、製品の製造に要した費用に目標とする利益を上乗せして価格が決定されます。
　たとえば、製品1個当たり100円のコストがかかり、20円の利益を目標とする場合は120円という価格を設定することになります。

　次に、市場での需要と供給によって価格を決定する方法もあります。このタイプの価格設定は**需要志向型価格設定**と呼ばれています。

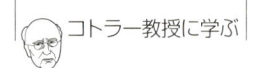

さまざまな価格の設定方法

コスト志向型価格設定

コストプラス価格設定
・製品の製造に要した費用に目標とする利益を上乗せして決定する。

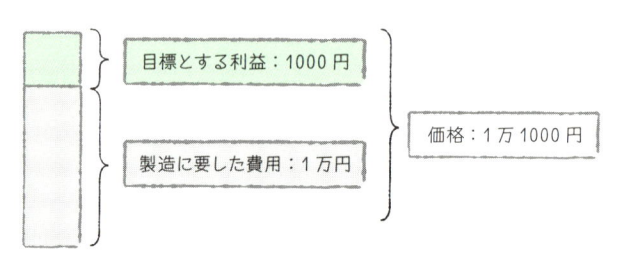

目標とする利益：1000円
製造に要した費用：1万円
価格：1万1000円

需要志向型価格設定

知覚価値価格設定
・顧客の価格への感度を重視して価格設定を行なう。

需要価格設定
・市場セグメントごとに価格設定を変える。
（例）
顧客層（学割、シルバー割引）
時間帯（深夜料金）
曜日（平日割引）

競争志向型価格設定

実勢型価格設定
・競合企業の価格と比較して製品の価格を設定する最も一般的な方法。

入札型価格設定
・入札によって価格を決定する。

価格の設定方法にはさまざまなものがあるので、自社の状況に応じて最適な方法を選択する

この需要志向型価格設定では、市場調査を通して顧客が価格に対してどのような意識をもっているのかを把握したうえで、価格設定を行なっていきます。

たとえば、顧客に対して自社製品を利用してもらったうえで、いくらの価格が妥当かというアンケートを実施し、多くの顧客が高すぎず安すぎないと感じる価格を設定していくことです。

さらに、価格は競合企業の価格にも大きく影響を受けます。これは**競争志向型価格設定**と呼ばれ、現代では最も一般的な価格設定といえるでしょう。

競争志向型価格設定を行なう際には、競合企業の価格と比較して自社製品の価格を設定していくことになります。

たとえば、牛丼業界では激しい価格競争が繰り広げられていますが、ライバル企業が牛丼を1杯320円に値下げした対抗手段として、自社は280円に値下げするといった事例が競争志向型価格設定の典型例といえます。

通常、価格はコストや需要と供給の関係、ライバル企業との競争などで決まります。とくに新製品の価格設定は、その後の製品の販売動向に多大な影響を与えるという意味からも非常に重要であり、さらに慎重に決定する必要があります。

新製品の場合の価格設定は？

新製品のプライス戦略を検討する際には、大きく分けて2つのタイプから自社に適切な戦略を選択していくことになります。

1つは**ペネトレーションプライシング**と呼ばれるものであり、もう1つは**スキミングプライシング**と呼ばれるものです。

ペネトレーションプライシングは**市場浸透価格戦略**とも呼ばれ、新製品の発売時に相対的に低い価格を設定する戦略です。赤字覚悟の低価格を設定し、いち早く市場で高いマーケットシェアを獲得していきます。

この戦略は、低価格で新製品をマーケットに投入して販売量を急激に増加させ、単位当たりの生産コストを削減することで、収益を拡大していくことを狙っていくのです。

つまり、このペネトレーションプライシングは、非常に大きな潜在市場が存在していると見込まれる場合や、価格の変化に対して消費者が敏感に感じる場合に有効に機能する戦略ともいえるでしょう。

一方で、スキミングプライシングは**上層吸収価格戦略**とも呼ばれ、新製品の発売時に相対的に高い価格を設定する戦略です。高めの価格を設定することにより、当初から大幅な利益を計上し、早期に新製品の開発コストを回収していきます。

新製品を発売したばかりの時期は価格にそれほどこだわらない熱狂的なファン客がターゲットとなります。

これら初期購入者層向けに高い価格で新製品を提供して初期投資の回収を図り、場合によっては時間の経過とともに価格の引き下げを行ない、より一般購入者向けに消費の拡大を図っていくことになります。

このスキミングプライシングは、競合他社に対して、自社製品の差別化が優れている場合や価格によって需要が左右されない場合に有効に機能する戦略といえるでしょう。

新製品の価格設定は、その後の企業の業績に大きな影響を与えるので慎重に検討しなければなりません。自社を取り巻く環境を適切に分析して、マーケットシェアをいきなり拡大するペネトレーションプライシングを採用するのか、それとも早期に投資コストの回収を目指すスキミングプライシングを採用するのかを決定していくことになります。

プライス戦略を駆使して
実現できること

　プライス戦略をうまく活用すると、顧客の購買に対する心理的バリアを低くしたり、売上を最大化できたりします。

　顧客は購入にあたって、常に「果たしてこの商品を購入すべきか？」といった心理的バリアを少なからずもっているものです。

　とくに高額製品になればなるほど、その心理的バリアは高まります。

　そこで、プライス戦略を駆使して、初期に支払うお金を極力少なくしてあげれば、顧客の心理的バリアは低くなり、購入に結びつきやすくなることもあります。

　たとえば、プリンターは高度な技術が必要で1台1台のコストは高く、相応の値段を設定しなければ、事業を継続するに十分な利益を確保できないでしょう。

　ただ、ハードの価格を高く設定してしまえば、それだけ購入に余裕のある顧客は少なくなり、多くの売上が見込めなくなるジレンマにメーカーは悩まされることになります。

　この場合、ハード自体は、ほとんど利益の出ない水準で安く設定し、顧客にとってはランニングコストになるインク代で利益を上げていくというプライス戦略を駆使すれば、トータルで高い利益を実現することが可能になります。

　このようなプライス戦略は、何もプリンターばかりでなく、従来であれば高い価格の携帯端末を無料で配って月々の通信費で回収する携帯電話業界や、ゲームのハードは赤字で販売してソフトで赤字を補填するゲーム業界など、さまざまな分野で活用されています。

　また、プライス戦略を駆使すれば、売上を最大化することも可能です。

たとえば、スーパーなどでは毎日目玉商品が驚くべき価格で販売されています。消費者からしてみれば、この価格で本当に利益が上がっているのか心配になるところでしょう。

実は、目玉商品では利益が上がっていない場合が多いのです。これは**ロスリーダー価格政策**というプライス戦略ですが、なぜスーパーは利益の出ない商品を用意するのでしょうか？

その理由は、目玉商品を呼び水にして多くの顧客の来店を促し、ついで買いを誘ってトータルで利益を上げていく「マージンミックス」を狙っているのです。

ただ、このロスリーダー価格政策を採用するときは、バーゲン商品だけを狙って来店する"チェリーピッカー"と呼ばれる消費者も存在するので、１人当たりの購入個数を決めておくなど、事前に入念な対応策を検討する必要もあるでしょう。

他にも、サービスのように、在庫として繰り越すことができないプロダクトを提供している企業にとっては、いかにキャパシティ一杯で販売できるかが、売上を最大化させるうえで重要なカギを握っています。

たとえば、飛行機などは空席のまま離陸すれば、空気を運ぶことになり、空席に関しては１円の売上も上がりません。ここで、乗客が１人増えたからといって、レストランなどと違って原材料費がかかるわけではないので、極端な話、いくらでも空席を埋めて飛べばそれだけ売上向上につながります。

そこで、ある一定の座席は、早めの予約であれば、思い切った低価格にするなど、需要予測に基づいて段階的に価格を変更させていくことで、常に満席に近い状態で飛行機を運行できるようになり、売上の最大化が図れるようになります。

これは**レベニューマネジメント**、もしくは**イールドマネジメント**と呼ばれるプライス戦略です。

航空業界のほかにも、リゾートホテルのように、需要の少ない平日は安くして需要が見込める週末は高くするというパターンや、スーパーのように、売れなければ廃棄処分となる惣菜などを時間の経過とともに値引いていくパターンなど、さまざまな業界で、レベニューマネジメントが活用されています。

価格は、消費者の購買行動に大きな影響を与える重要な要素です。過去の統計や消費者の感度を入念に調査しながら機動的に決定していくことにより、売上を最大化させることができるでしょう。

POINT

プライス戦略を駆使すれば、顧客の購買に対する心理的ハードルを低くして、売上を最大化できる。

Section 5　効果的なプロモーションを展開する

プロモーションとは、購入までのストーリーをつくること

　企業がいくら素晴らしい製品・サービスを開発しても、消費者がその存在を知らないことには売上が上がることはありません。

　そうした意味から、企業の製品の存在やメリットを消費者に伝える**プロモーション戦略**は、売上を上げるために重要なカギを握るといってもいいでしょう。

プロモーションの 5つの手法

　マーケティングにおいて、プロモーション戦略の目的は、企業のメッセージを適切にターゲット顧客に届けることです。

　企業はプロモーションを展開する際に、1つの手法に限らず、さまざまなタイプのプロモーションを使い分けることによって、ターゲット顧客に効果的にメッセージを届けることができます。

　プロモーションは大きく分けて、「広告」「販売促進」「人的販売」「パブリシティ」「口コミ」という5つが挙げられます。

①広告

　プロモーション戦略で最も活用される方法は広告でしょう。

　広告は、企業やその製品、サービス、あるいは企業の姿勢に対する消費者のブランド認知度を高めるうえで、最も強力な手段といえます。❸

　広告では、企業は相応の広告費用を負担して、テレビやラジオ、新聞、雑誌、インターネット、屋外広告、DMなど、数多くのメディアに自社の

製品情報を掲載することができるのです。

②販売促進

　販売促進というプロモーションも、頻繁に活用されます。広告だけでなく販売促進策と連動させることにより、プロモーションの効果は飛躍的に高まります。

　この販売促進には、消費者向けと流通チャネル向けがあります。

　消費者向けでは、サンプルやクーポン、値引き、ポイントカードなど、消費者に何らかのメリットを提供して購入を促していく方法がとられます。

　一方、流通チャネル向けでは、販売奨励金や協賛金の提供など、下流の流通チャネルにメリットを提供して販売を促進していくことになります。

③人的販売

　人的販売とは、店頭販売や試食、訪問販売などを通して、消費者個々に対する会話やデモンストレーションを行なって購入を促していくプロモーション手法です。

　ただ、この人的販売は、最も費用のかかるマーケティング・コミュニケーション手段の一つといえます。[4]

　とくに営業マンのコスト負担は、企業にとって非常に大きなものになっています。一方で、営業マンは、一連の広告やDMよりもはるかに効果的であるという利点もあります。[5]

　つまり、人的販売に力を入れる場合は、コストに注意しながら、どの程度の売上を上げたかという費用対効果を常に意識していく必要があります。

④パブリシティ

　パブリシティというプロモーション戦略も近年多くの企業が力を入れている手法です。

　パブリシティとは、テレビや新聞、雑誌などに自社の製品・サービスを取り上げてもらい、消費者に知ってもらうという方法です。

[3][4][5] フィリップ・コトラー著『コトラーの戦略的マーケティング』（ダイヤモンド社）より。

代金を支払って宣伝してもらう広告に対して、パブリシティでは無料で自社の製品やサービスを紹介してもらえる特徴があります。

いまや消費者は毎日数えきれないくらいの広告に触れているので、広告に対する反応率は著しく下がっています。一方でパブリシティは、テレビ局や新聞社、出版社など、権威ある第三者の無償のお墨つきという側面もあり、消費者はその情報を信頼しやすく、結果として売上に結びつきやすいといえます。

⑤口コミ

最後に、最近ますます重要性が高まってきたプロモーションとして口コミがあります。

消費者は、企業が一方的に流す広告よりは家族や友人、もしくは同じ趣向をもつ消費者の意見を信じやすい傾向があります。

とくにインターネットが発達した現代では、製品やサービスの評判をシェアすることが容易になり、インターネットによる口コミが商品の売れ行きを左右することも多くなってきました。

いまではインターネット上に多くの口コミサイトが開設され、消費を行なう際の参考にされています。最近は、SNS（ソーシャル・ネットワーキング・サービス）が企業のプロモーション活動を展開するうえでも注目を

プロモーションの種類

自社製品の存在を知ってもらうためには、複数のプロモーション手法を組み合わせる"プロモーションミックス"を実施して、効果的なプロモーションを展開する必要がある

1. 広告
2. 販売促進
3. 人的販売
4. パブリシティ
5. 口コミ

浴びています。
　このように、口コミが企業にとっては大きなプロモーションの機会になっている状況といえます。

ストーリーに基づいて
メディアを使い分ける

　効果的なプロモーションを展開するためには、「誰に？（ターゲットは誰か？）」「何を伝えたいのか？」「どのように行動してもらいたいのか？」が明確でなければなりません。
　そのような観点から、ターゲット顧客にプロモーションの存在に気づいてもらい、最終的に購入に至るまでの流れるようなストーリー展開を事前に検討しておく必要があります。

　プロモーション戦略では、このストーリーを **AIDMA** というフレームワークで展開していくことになります。
　AIDMA とは消費者の心理的プロセスを表したもので、**Attention（注意）→ Interest（興味）→ Desire（欲求）→ Memory（記憶）→ Action（行動）** になります。

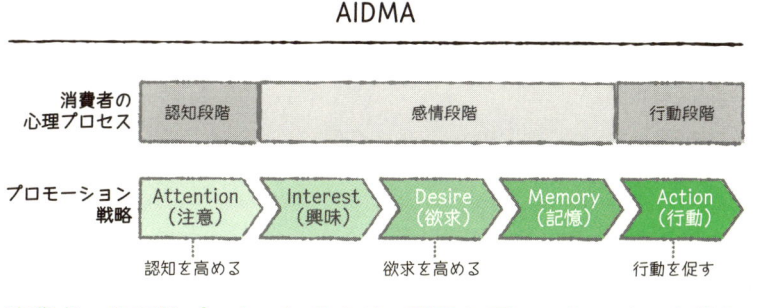

AIDMA

消費者の心理プロセス	認知段階	感情段階			行動段階
プロモーション戦略	Attention（注意）	Interest（興味）	Desire（欲求）	Memory（記憶）	Action（行動）
	認知を高める		欲求を高める		行動を促す

消費者の心理的プロセスに合わせて購入に至るストーリーを考えると、購入の確率が飛躍的に高まる

つまり、消費者はプロモーションにまず注意を向け、次に興味を抱いてさらなる情報収集を行なうことによって、欲しいという感情を強くします。そして、記憶にとどめておいて、店舗に出向いた際に購入に至るというプロセスを経て、消費行動を完了するということなのです。

このストーリーラインに基づいてプロモーション戦略を組み立てれば、効果的に成果を上げることが可能になります。

このような消費者の行動特性を踏まえ、効果的なプロモーションを展開するためには、ターゲットにマッチしたプロモーションの組み合わせが重要なカギを握っています。

つまり、広告ばかりに頼るのではなく、クーポンなどの販売促進や営業などの人的販売を適切に組み合せることによって、スムーズにAIDMAを実現してプロモーションの効果を飛躍的に高められるわけです。

また、プロモーションの効果を高めるためには、ターゲットとする顧客がどのようなメディアによく触れているかを把握することも重要なポイントになるでしょう。

たとえば、ビジネスパーソン向けの製品・サービスであれば、ニュース番組や新聞に広告を載せることが有効でしょう。また、子ども向けの製品・サービスであれば、子ども向けのテレビ番組や雑誌に広告を打つと効果が高まることになります。

このようにターゲット顧客をよく知り、最も効果的なアプローチができるメディアを活用してプロモーション戦略を展開していく手法は**メディアミックス**と呼ばれています。

このメディアミックスで活用されるメディアには2つのタイプがあります。

一つは、一度に多くの消費者にアプローチできるテレビや新聞、ラジオ、雑誌などの**フロントエンドメディア**と呼ばれるもの、もう一つは、個人個人にアプローチするDMやコールセンターなどの**バックエンドメディア**と呼ばれるものです。

フロントエンドメディアは認知率の向上に効果があり、バックエンドメディアはリピート率の向上に効果を発揮します。

企業はこのような各メディアの特性を踏まえて効果的なプロモーションを展開すれば、自社製品の認知度や顧客のリピート率も高まり、売上アップに結びついていくのです。

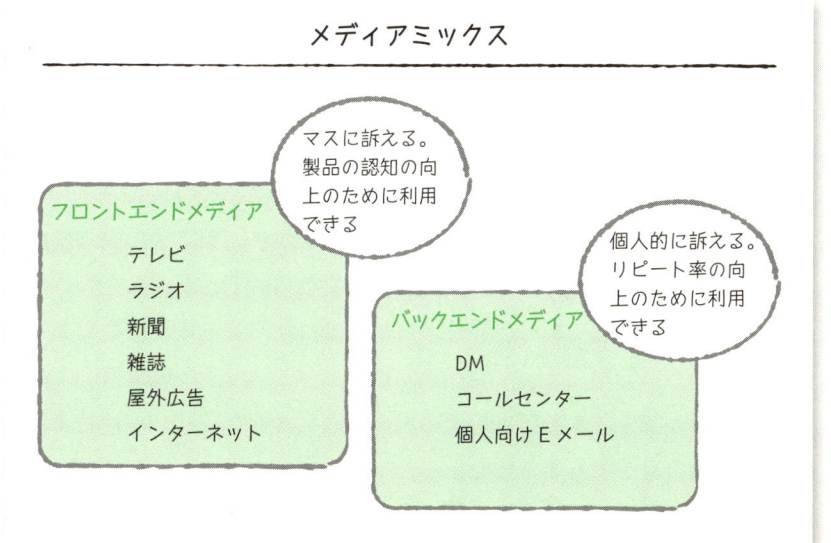

メディアミックス

フロントエンドメディア
- テレビ
- ラジオ
- 新聞
- 雑誌
- 屋外広告
- インターネット

マスに訴える。製品の認知の向上のために利用できる

バックエンドメディア
- DM
- コールセンター
- 個人向けEメール

個人的に訴える。リピート率の向上のために利用できる

複数のメディアを効果的に組み合わせることによって、認知度やリピート率の向上を実現できる

コトラー教授に学ぶ

Section 6　適切な流通網を築く

売上機会を逃さないためにはプレイス(場所)も重要

　いかに素晴らしい製品を開発してリーズナブルな価格を設定し、プロモーションを通して消費者に知ってもらったとしても、最終段階でその製品を購入する"場所"がなければ、売上が上がることはありません。

　そこで、いかにタイムリーに顧客の元に製品・サービスを届けていくかという**プレイス戦略**を考えていかなければいけません。

流通網を築くための2つの方法

　プロモーションで購買意欲を刺激された消費者は、その製品・サービスに対して「欲しい」という気持ちが高まりますが、実際に手に入れられる機会がなければ、その高まった気持ちもいずれ冷めてしまいます。

　たとえば、テレビで興味を引くパソコンのコマーシャルを目にして「欲しい」という気分が高まっても、実際にインターネットや家電量販店などを通して購入できなければ、最悪の場合、同じようなライバル社の商品を購入してしまうこともあるでしょう。

　このような顧客と直接接触を図る機会をつくる戦略がプレイス戦略です。企業は機会損失を避けるためにも、慎重に流通網を築いていかなければなりません。

　企業が流通網を築く方法は2つあります。商品を直接販売するか、流通業者を通して販売するかです。

自社独自で流通網を整備する場合は、自社製品の流通をコントロールしやすいというメリットがある半面、全国規模で流通網を整備する場合などは、出店費用や毎月の維持費など莫大な負担が必要になります。

　加えて、事前の計画通りに売上が上がらない場合は撤退することになりますが、備品などの売却損や店舗の原状回復の費用など多大な損失を被る可能性も考えられます。

　とくに自前で広範囲にわたる流通網を構築する場合は、事前に入念な調査を行なって、リスクを最小限にする形で戦略を実行に移していく必要があるでしょう。

　一方、他社がすでに築いている流通網を利用する場合は、自社の置かれた状況や自社製品の特性に応じていくつかの流通パターンから選択することができます。

　大手メーカーであれば、直接小売業者と取引を行なって製品を流通させられますし、一般的な消費財を生産するメーカーであれば、卸売業者を通して小売店で販売する流通チャネルを利用できるでしょう。

　他社の流通網を利用する場合は、流通業者の規模やカバーする地域などを考慮に入れながら、適切な流通網を整備していく必要があるでしょう。

　この方法であれば、他社のすでに構築した流通網を利用するので、初期投資は比較的少なくて済むというメリットがあります。

　しかし、流通業者の希望に応じて自社製品が取り扱われて自社のコントロールが効きにくいというデメリットも考慮に入れておかなければいけません。

　たとえば、コンビニエンスストアなどでは、常に売れ筋の商品が陳列され、売れなければ新製品といえども1か月足らずで商品棚から撤去されてしまい、自社がいかに販売継続を希望しても、二度と同じ商品を棚に陳列する機会は巡ってこないのです。

自社独自で流通網を築く場合でも、他社の流通網を利用する場合でも、プレイス戦略は他のマーケティング戦略と違って、いったん構築すれば継続的な費用負担が発生し、急激な変化は大きな損失につながる可能性も高くなるので、慎重に決定する必要があるといえるでしょう。

　また最近では、直営店や卸売業者、小売店などの従来の手法に加えて、インターネットやモバイル技術の発達で、店舗に足を運ぶことなくパソコンや携帯電話で直接メーカーから製品を購入する消費者も増えています。企業側の選択肢も増えてきているのです。

　プレイス戦略では自社独自、もしくは他社の流通網、いずれかに偏るのではなく、また店舗やインターネットなど複数のタイプの流通チャネルのバランスを考慮に入れながら、適切な流通網を構築していく**チャネルミックス**が重要なポイントになります。

　自社製品や市場の特性を踏まえて適切なプレイス戦略を実行することは、

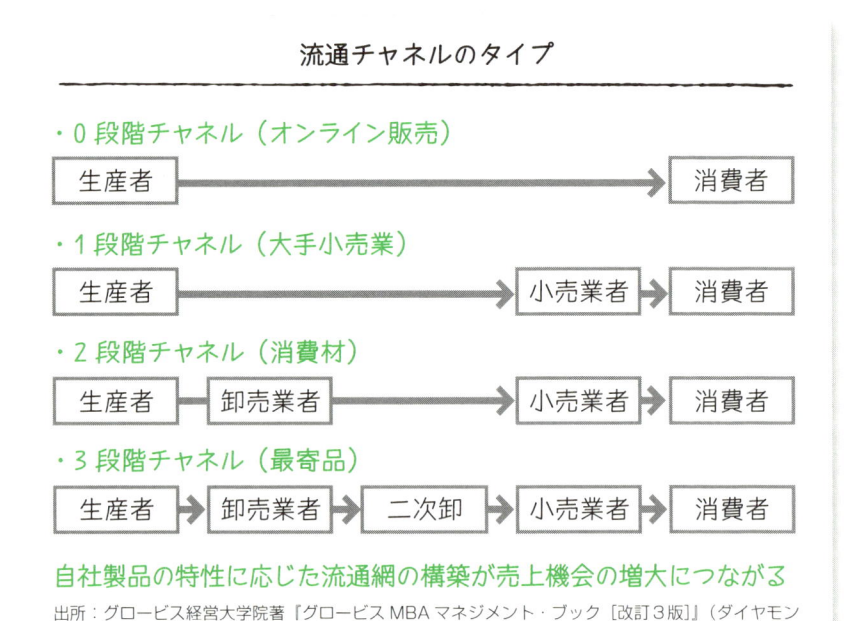

流通チャネルのタイプ

- 0段階チャネル（オンライン販売）
  生産者 → 消費者

- 1段階チャネル（大手小売業）
  生産者 → 小売業者 → 消費者

- 2段階チャネル（消費材）
  生産者 → 卸売業者 → 小売業者 → 消費者

- 3段階チャネル（最寄品）
  生産者 → 卸売業者 → 二次卸 → 小売業者 → 消費者

自社製品の特性に応じた流通網の構築が売上機会の増大につながる

出所：グロービス経営大学院著『グロービスMBAマネジメント・ブック［改訂3版］』（ダイヤモンド社）をもとに作成

顧客との接点を増やすことにつながり、ひいては売上アップを実現することにつながっていくわけです。

場所によって
自社のブランドを高められる

　プレイス戦略では、もちろんターゲットとする顧客が多く集まる場所に店舗を構えることが成功への近道といえますが、違う観点からプレイス戦略を駆使することもできます。それが、プレイス戦略を活用して自社のブランドを高めていく方法です。

　このプレイス戦略によるブランド力の向上を図る手法は２つ考えられます。

　まず１つ目は、ターゲット顧客がすでにその場所にいる、いないは関係なく、世間的に注目を浴びる場所に店舗を構えるという戦術です。
　たとえば、日本マクドナルドは１号店を東京・銀座三越内にオープンしました。アメリカ本社からは、日本で成功するためにもアメリカ同様郊外に店舗を出店するよう指示がありましたが、創業者の藤田田氏が、消費者の注目を集めるには、当時日本で流行の発信基地だった銀座が最適の場所と判断し、三越に直接交渉を持ちかけて、何とか１号店を銀座に開店することができたのです。
　この日本マクドナルドの銀座１号店は、藤田氏の狙い通り評判となり、マスメディアを通じてマクドナルドの名を全国に知らしめることになりました。結果として、店舗網は瞬く間に全国へと拡大し、マクドナルド急成長の要因となったのです。

　このようにプレイス戦略で、一等地に店舗を構えて認知度を高める方法は、いまでも多くの企業が採用しています。

ファッション業界では、H&Mやギャップなどの海外のカジュアル衣料チェーンが日本参入の足がかりとして、旗艦店を東京・銀座に出店し、話題を集めることに成功しました。

日本企業の「ユニクロ」も海外に出店する際には、主要都市にフラッグシップとなる大型店を出店し、注目を集めてブランド力を向上するプレイス戦略を採用しています。

次に、プレイス戦略でブランドを高める2つ目の方法は、狭い地域にたくさんの出店を行ない、顧客が目にする機会を飛躍的に向上させる戦術です。

このプレイス戦略は**ドミナント政策**とも呼ばれています。

たとえば、コンビニエンスストアのセブン-イレブンは、狭い地域に多店舗を展開し、業界で圧倒的なリーダーとして君臨しています。

一見すると、狭いエリアに多くの店舗を出店すれば、顧客の奪い合いが

プレイス戦略の活用法

プレイス戦略はブランドの向上にも効果を発揮する

- 一等地に店舗を出店して話題を集める
- 狭い地域に集中出店して認知度を高める

起こって売上アップには非効率と考えますが、実のところ狭いエリアで多店舗展開すれば、さまざまなメリットを享受できるのです。

まず、消費者が狭いエリアで多くの店舗を目にすることでブランドネームの向上につながり、顧客の来店頻度が向上することになります。

他にも、費用がかかるテレビ広告などを集中出店している限られた地域にだけ出稿することによって、広告効率を高めることができます。

また、物流面で店舗が集約されていれば、効率的に配送ができ、コスト削減につなげることができます。

プレイス戦略においても、ただ単に流通網の整備という観点からだけでなく、ブランドの向上やコスト削減を含めて戦略を検討していけば、ライバル企業との差別化を実現し、売上機会を逃さず売上アップにつなげていくことができるわけです。

Resting Time

3時間目のまとめ

　コトラー教授の講義で、僕はより鮮明に、売れる仕組みの構築法を身につけることができた。

　ビジネスとは、社会で望まれているものを提供してお金に変えていくプロセスだ。
　望まれているもの自体は、生活者1人ひとりで違う。企業側からすると、どのような消費者がどのようなものを望んでいるかを、まずはセグメンテーションで市場を同じ特徴をもった層に細分化し、自社が得意とするセグメントにターゲットを絞っていく必要がある。
　そのターゲット顧客に対して、強力な競合が存在すれば、ポジショニングを行なって、競争を避けることもできるだろう。
　ターゲットが具体的に決まれば、「こんな製品を待っていた！」と思われるようなプロダクトを、購入せずにはいられない価格で準備し、プロモーションを通して知ってもらったうえで、適切な流通網で届ければいいのだ。

　マーケティング戦略では、顧客の満足度を高めて売上をアップしていくが、限られた市場の中で、ライバル企業と激しい競争が展開され、いってみれば血で血を洗う"レッド・オーシャン"を勝ち抜いていかなければならない。
　一方で、ここまで学んできた競争を勝ち抜くための戦略とまったく考え方を異にする戦略もあるらしい。
　それが、既存の顧客ではなく、これまで業界ではあまり重要視されなかった非顧客に着目し、そのニーズを満たして競争のない新たな市場を開拓

するブルー・オーシャン戦略……

　このブルー・オーシャン戦略をマスターすれば、既存顧客ばかりか非顧客をも顧客化することが可能になるという。どんな顧客にも対応できる戦略パターンを身につけられ、戦略のバリエーションを増やせるわけだ。

　「競争を無意味にするブルー・オーシャン戦略とは、いったいどんな戦略なんだろう？」

　未知の戦略を学べる喜びで、僕はワクワクしながら教授が現われるのを待った。

　しばらくして、ブルー・オーシャン戦略の生みの親であるキム教授とモボルニュ教授が教室に入ってきた。ちょうどそのとき、4時間目の始まりを告げるチャイムが鳴った……

3時間目のノート
〈マーケティング戦略〉

- ◎マーケティングのスタートは調査から始まる。顧客、競合、自社をよく知らなければならない。
- ◎市場を細分化して、強い競合のいない自社の得意なセグメントにターゲットを絞る必要がある。
- ◎プロダクト戦略ではプロダクトアウト、もしくはマーケットインで消費者が「こんなものを待っていた」と思わせる製品を市場に投入する。
- ◎プライス戦略ではさまざまな手法を駆使して消費者の心理的ハードルを下げる必要がある。
- ◎プロモーション戦略では消費者の心理的プロセスを理解してスムーズに購入まで至るストーリーを考える。
- ◎売上機会を逃さないためにもプレイス戦略で適切な流通網を築かなければならない。

4時間目

キム教授とモボルニュ教授に学ぶ
「競争のない市場の開拓法」

> こんにちは。キムとモボルニュです。皆さんはこれまでで、競争にいかに打ち勝っていくかという競争戦略を学んだと思いますが、この講義では視点を変えて、いかに競争のない市場を創り出すかという戦略にフォーカスを当てていきます。
> 頭をゼロベースにして、常識に捉われず、一緒に競争のない市場を創造する「ブルー・オーシャン戦略」を策定していくことにしましょう。

Kim   **Moborunyu**

W・チャン・キム ＆ レネ・モボルニュ
フランスに本校を構える世界的なトップビジネススクール INSEAD の教授。過去 120 年間、30 業界以上に及ぶ事例を調査して、競争のない市場を創造する戦略を体系化。『ハーバードビジネスレビュー』に論文を発表したところ、世界的な反響を呼び、抜刷が 50 万部を超える売上を記録する。2004 年に『ブルー・オーシャン戦略』と名づけ、アメリカで出版するとたちまちベストセラーに。日本でも翻訳本が 2005 年に発売され、話題となった。

Section 1　ブルー・オーシャン戦略を検討する
差別化と低コスト化は同時に実現できる!?

　ポーター教授の「3つの基本戦略」や、コトラー教授の「マーケティング戦略」は、いわばマーケットでいかにライバル企業との競争に勝ち抜いていくかという場合には有効です。

　ただ、常に勝ち続けることはむずかしいといわざるを得ません。

　できることなら競争は避けて通りたいと考えるのが普通ではないでしょうか？

ブルー・オーシャン戦略の土台
バリュー・イノベーション

　ポーター教授は、レッド・オーシャン（競争の激しい既存市場）において勝ち残るためには「差別化」「コスト・リーダーシップ」「集中」のいずれかの戦略を採用する必要性を説きました。

　しかし、実のところ「差別化」と「コスト・リーダーシップ」を同時に実現すれば、競争のない市場を開拓することも不可能ではなくなるのです。

　それが、**ブルー・オーシャン戦略**になります。

　すなわち、ブルー・オーシャン戦略の土台は差別化とコスト・リーダーシップを同時に実現することです。この企業活動は**バリュー・イノベーション**と呼ばれています。

　バリュー・イノベーションとは、顧客にとっての価値向上に重きを置きながら、新しい製品・サービスを創造していくというブルー・オーシャン戦略ならではの考え方です。

レッド・オーシャン vs. ブルー・オーシャン

レッド・オーシャン戦略	ブルー・オーシャン戦略
既存の市場空間で競争する	競争のない市場空間を切り開く
競合他社を打ち負かす	競争を無意味なものにする
既存の需要を引き寄せる	新しい需要を掘り起こす
価値とコストのあいだにトレードオフの関係が生まれる	価値を高めながらコストを押し下げる
差別化、低コスト、どちらかの戦略を選んで、企業活動すべてをそれに合わせる	差別化と低コストをともに追求し、その目的のためにすべての企業活動を推進する

出典：W・チャン・キム、レネ・モボルニュ著『ブルー・オーシャン戦略』（武田ランダムハウスジャパン）

　誤解する人がいるかもしれませんが、ブルー・オーシャンを生み出すのは最先端の技術でもいち早い市場への参入でもなく、いかにイノベーションと製品の実用性、価格、コストなどのバランスを保つバリュー・イノベーションを実現できるかどうかにかかっているのです。

　それでは、ここでバリュー・イノベーションを実践するうえで、2つの基本的な考え方を見ていくことにしましょう。

　一つは、顧客にとっての価値を高めること。もう一つは、コストを削減していくことになります。

　この2つを同時に実現していくことが、バリュー・イノベーションそのものになるのです。

　顧客にとっての価値を高めていくためには、これまで業界に存在しなかったものや概念を取り入れる必要があるかもしれません。
　また一方で、コストを削減するためには、これまで業界では常識的に取り入れられていたプロセスを思い切って省略することもあるでしょう。

このようにコストを削減していく一方で、顧客の感じる価値が高まっていくと、売上が飛躍的に伸びて、規模の経済性が働くようになるため、さらなるコスト削減を実現できるという好循環に入っていきます。

そうすれば、いよいよブルー・オーシャンが拡大していくことにつながっていくのです。

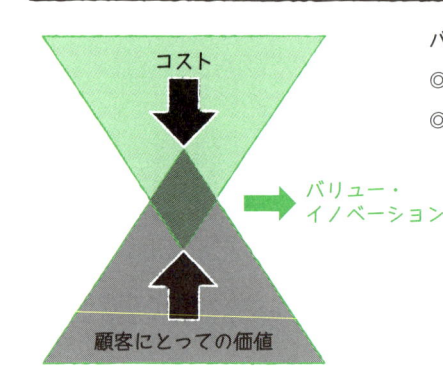

バリュー・イノベーション

コスト ↓
顧客にとっての価値 ↑
→ バリュー・イノベーション

バリュー・イノベーションの結果
◎低コスト体制の実現
◎製品・サービスの差別化

バリュー・イノベーションを実現することで、価値とコストのトレードオフをなくすことが可能になる

ブルー・オーシャン戦略とは、バリュー・イノベーションを起こすこと。顧客にとっての価値を高めつつ、コスト削減を図ることによって、競争のない市場＝ブルー・オーシャンを生み出せる

出所：W・チャン・キム、レネ・モボルニュ著『ブルー・オーシャン戦略』（武田ランダムハウスジャパン）をもとに作成

戦略キャンバスで他社の戦略を確認

すべての企業にとってブルー・オーシャン戦略が必要なわけではありません。ブルー・オーシャン戦略が必要かどうかは、**戦略キャンバス**を活用して確認することができます。

戦略キャンバスとは、業界に属する各企業の戦略プロフィールを一目で確認することができる独自のフレームワークです。

戦略キャンバスの作成にあたっては、横軸に業界各社が力を入れる競争要因を並べ、縦軸にどのくらいその競争要因を重要視しているのかというポイントを検討していくことになります。

　戦略キャンバスにおける分析で重要なのは、ポイントの高い、低いということではなく、企業の戦略の実態を正確に表わしていくことです。

　できる限り客観的な判断でポイント付けを行なっていくことを心がける必要があります。

　そして、戦略キャンバスの作成時に、横軸の各競争要因に対してどの程度その要因を重要視しているかというポイント付けが終わったところで、ポイント同士を線で結んでいきます。

　そのポイントを結んででき上がった線を、ブルー・オーシャン戦略では**価値曲線**と呼び、戦略キャンバスで中心的な役割を演じることになります。

　この価値曲線は、その企業がどのような要因を重要視して、どのような要因を重要視していないかを表わしているので、各社の戦略プロフィールを示しているといえるでしょう。

　ここで価値曲線が重なり合えば、その業界はレッド・オーシャン化していることがはっきりとわかります。

　また、たとえ重なり合わなくても、価値曲線が同じ形をしていれば、その業界はレッド・オーシャンであると結論づけることができます。

　というのも、企業の規模に応じて重要視するレベルが違うだけで、同じ競争要因を同じ割合で重視しながらビジネスを展開しているというパターンになるからです。

　このような戦略キャンバスの分析は、自社にとってブルー・オーシャン戦略の必要性を検討するうえで非常に役に立ちます。

　業界に属する各企業の価値曲線がバラバラであれば、ブルー・オーシャン戦略は必要ありませんが、価値曲線が重なるか、同じような形をしてい

れば、その業界はレッド・オーシャンで激しい競争が繰り広げられているということになり、ブルー・オーシャン戦略を立てる必要性が高まります。

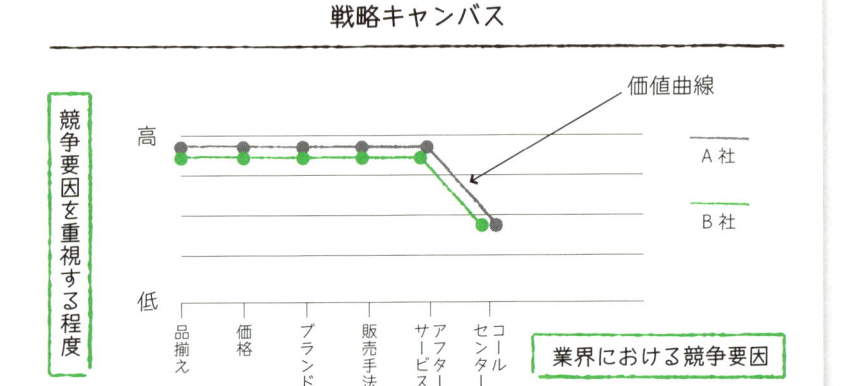

戦略キャンバス

価値曲線

競争要因を重視する程度　高／低

業界における競争要因：品揃え、価格、ブランド、販売手法、アフターサービス、コールセンター

A社／B社

業界の戦略キャンバスを描いて価値曲線が同じような形をしていれば、ブルー・オーシャン戦略の必要性が高まる

POINT

戦略キャンバスを描けば、業界の競争の程度が一目瞭然となる。

Section 2　非顧客の共通するニーズを把握する

顧客より非顧客にこそ目を向けよう

　いったん、ブルー・オーシャン戦略が必要となれば、次にターゲットを設定していくプロセスに移ります。

　ただ、ブルー・オーシャン戦略の下では、通常のマーケティング戦略のようにターゲットを年齢や職業、性別などで絞り込んでいくセグメンテーションは行ないません。

　マーケットを絞り込むことは、それだけ市場規模が小さくなるということで、規模のリスクに晒されることにつながるからです。

セグメンテーションではなく "脱セグメンテーション"

　それでは、ブルー・オーシャン戦略はどのようにしてターゲットを設定するのでしょうか？

　実際のところ、ブルー・オーシャン戦略では、これまでマーケティングの常識では考えられなかった方法でターゲット顧客を設定していくことになります。

　それには、これまでの戦略にまつわる２つの慣行を問い直す必要が出てきます。

　一つは、既存顧客に焦点を当てるという慣行であり、もう一つは、買い手ごとの違いに対応するために、よりよいセグメンテーションをめざすというものです。❶

　通常のマーケティングでは、既存顧客にターゲットを定めていきますが、

---

❶ W・チャン・キム、レネ・モボルニュ著『ブルー・オーシャン戦略』（武田ランダムハウスジャパン）より。

ブルー・オーシャン戦略では既存顧客ではなく、これまで業界で顧客として考えてこなかった層に目を向けて、顧客として取り込んでいく方法を考えていくのです。

非顧客層をターゲットとすることで、通常のマーケティングが抱える規模のリスクから解き放たれ、競争のない市場を開拓していくことが可能になるというわけです。

市場の細分化を行なわないブルー・オーシャン戦略の手法は、マーケティングのセグメンテーションに対して、**脱セグメンテーション**と呼ばれています。

ここで問題となるのは、大きな市場全体を満足させられる製品・サービスをいかに投入していくかということになります。

ブルー・オーシャン戦略では、非顧客を3つのグループに分類し、共通のニーズやウォンツに着目して製品・サービスを開発していきます。

第1グループは、「現在自社が属する業界の製品を利用してはいるけれども、他の業界の製品で優れたものがあれば、すぐにでも自社製品の利用をやめて移っていく人たち」です。自社が属する業界の提供する製品に対するロイヤリティが希薄で、いまは一応顧客であるけれど非常に不安定な存在が、第1グループの非顧客層といえます。

第2グループは、「自社の属する業界の製品をあえて使用しないと決めた人たち」です。自社の提供する製品を本来は必要としているが、あえて他の業界が提供する製品で代用するという顧客層がこの第2グループに属することになります。第2グループに属する人たちは製品自体に満足できないという理由や、価格が高すぎるという理由で、自社が属する業界ではなく他の業界の製品を利用するわけです。

非顧客層の3つのグループ

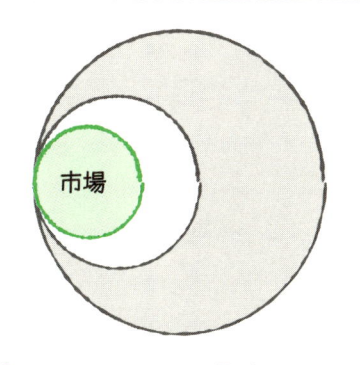

- **第1グループ**: 市場の縁にいるが、すぐに逃げ出すかもしれない層
- **第2グループ**: あえてこの市場の製品やサービスを利用しないと決めた層
- **第3グループ**: 市場から距離のある未開拓の層

ブルー・オーシャン戦略では、既存顧客ではなく非顧客に着目する

出典：W・チャン・キム、レネ・モボルニュ著『ブルー・オーシャン戦略』（武田ランダムハウスジャパン）

　第3グループは、「これまで業界でまったく顧客の対象とみなされず、見落されてきた人たち」です。常識的に考えて、自社が属する業界の製品・サービスを使用するとは考えられないために、業界内のどの企業もこれまでまったくアプローチしてこなかった顧客層になります。

　非顧客層をターゲットにビジネスを展開すれば、既存顧客を対象にしたライバル企業との激しい競争を繰り広げるレッド・オーシャンでの戦いを避け、ライバル企業が見向きもしない顧客層をメインターゲットにした競合相手が存在しないブルー・オーシャンを開拓することにつながっていくのです。

フォーカスすべきは共通のニーズやウォンツ

　ブルー・オーシャン戦略では3つの非顧客グループを顧客化する際に、顧客層の違いにフォーカスしてはいけません。

キム教授とモボルニュ教授に学ぶ

　非顧客第1グループが他の業界の製品・サービスにより関心を示す理由や、第2グループがあえて自社の属する業界の製品・サービスを使わない理由、そしてこれまで顧客としてまったく見てこなかった第3グループを惹きつける理由などから、各グループに共通したニーズやウォンツを探していくことになるのです。

　たとえば、ここで事例としてメガネ業界の3つの非顧客層に共通するニーズやウォンツを発見していくことにしましょう。

メガネ業界における非顧客の分類と共通するニーズの発見

非顧客グループ	特徴	非顧客の理由
第1グループ	メガネの使用を極力やめたい	・メガネが似合わない ・スポーツする際に邪魔になる
第2グループ	コンタクトレンズやレーシック手術を受けて、メガネを使用しない	・メガネはイメージが悪い ・メガネをかけるのが面倒
第3グループ	視力が良く、メガネの必要性はない	・メガネは視力矯正のためだけのもの

⬇

**非顧客の理由から
共通するニーズを探る**

・ファッショナブルなメガネでかっこよくなりたい
・メガネをかけることによって知的に見られたい

**非顧客の共通するニーズに着目すれば、
より大きなブルー・オーシャンを開拓できる**

第1グループ、第2グループがメガネを避ける理由は、おそらくメガネのイメージにあると思われます。

　「メガネをかけている人＝かっこ悪い」などという悪いイメージが一般化しているので、極力メガネを避け、素顔のままでいたいと考えるのでしょう。

　もし、「メガネ＝かっこ悪い」というイメージがメガネを避ける理由だとすれば、「メガネ＝かっこいい」というイメージが定着すれば、非顧客を顧客化できそうです。

　服や靴などのファッションと同じように、メガネもファッショナブルなアイテムとして一般に浸透すれば、これまでメガネを避けていた人はコンタクトレンズではなく、メガネを愛用するはずです。

　また、視力が良くてメガネが必要なかった人たちまで、度の入っていないファッショナブルなメガネを愛用することも考えられるでしょう。

　つまり、非顧客の3つのグループに共通するニーズやウォンツとして、メガネをかけることによって、知的に見られたいとか、お洒落だと思われたいというものを植えつけることができれば、非顧客を顧客に変えることができるというわけです。

　これまで業界で主要顧客と考えなかった非顧客層に着目して、共通のニーズやウォンツを検討していけば、ブルー・オーシャンへの道が見えてくるのです。

キム教授とモボルニュ教授に学ぶ

Section 3　ブルー・オーシャンにつながるビジネスアイデアを考える
「6つのパス」と「4つのアクション」を利用しよう

　ブルー・オーシャン戦略では、非顧客層という大きなブルー・オーシャンでビジネスチャンスを発見していくことになりますが、共通するニーズを踏まえて、より多くの非顧客層のニーズを満たす製品コンセプト（プロダクトコンセプト）を検討していく必要があります。

ブルー・オーシャンを開拓するための6つのパスとは？

　広大なブルー・オーシャンを開拓していくには、「6つのパス」を活用することができます。
　その6つのパスとは、「代替産業に目を向ける」「業界内の他の戦略グループから学ぶ」「ライバル他社と違う買い手グループにフォーカスする」「補完財や補完サービスを検討する」「機能志向と感性志向を切り替える」「将来を見通す」というものです。

■パス1：代替産業に目を向ける
　通常、企業は直接競合となるライバル企業の製品・サービスは十分に調査して、対抗製品を開発しますが、このような対応ではいつまで経ってもレッド・オーシャンを抜け出すことはできません。
　そこで、自社が属する業界ばかりでなく、代替産業にまで視野を広げます。そうすることで、これまでとは違った発想の製品やサービスを開発することが可能になり、ブルー・オーシャンを開拓できます。

たとえば、NTTドコモのiモードは、パソコンという代替産業に目を向け、携帯電話にインターネットを組み入れて、新しいプロダクトコンセプトをつくり上げ、ブルー・オーシャンを築き上げました。

消費者のもつ欲求は、1つの業界だけではなく、他の業界の製品・サービスでも満たすことができます。

プロダクトコンセプトを検討する際に、自社が属する業界の製品ばかりでなく、代替産業が提供する製品に着目して新たなアイデアを考えることによって、これまでに業界にはなかった製品・サービスを生み出すことが可能になるわけです。

■ **パス2：業界内の他の戦略グループから学ぶ**

業界には一般的に複数の戦略グループが存在します。そして、消費者は永遠に1つの戦略グループにとどまるのではなく、時代の流れとともに他の戦略グループに移ることも不思議ではありません。

この他の戦略グループに移る理由に着目してプロダクトコンセプトを検討すれば、ブルー・オーシャンにつながる場合があるのです。

次ページの図を見てください。

たとえば、ファッション業界でいえば、ユニクロやギャップなどはシンプルな製品を安い価格で提供する戦略グループといえますし、バーバリーやシャネルなどは高いファッション性を誇る製品を非常に高い価格で提供する戦略グループといえます。

ここでユニクロやギャップなどを利用している消費者が、シャネルやバーバリーに移る理由が個性的なファッションという理由であれば、低い価格で個性的なファッションを提供する新たなプロダクトコンセプトを考え出して市場に投入すれば、ブルー・オーシャンを築くことができるわけです。

ファッション業界の戦略グループ

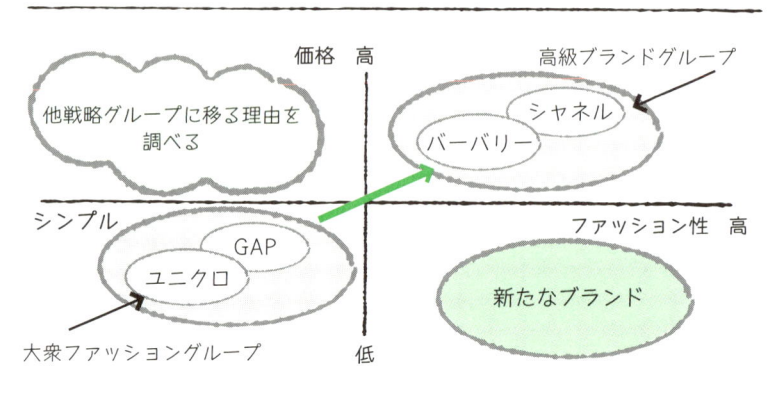

```
                    価格 高
                            高級ブランドグループ
  他戦略グループに移る理由を        シャネル
      調べる              バーバリー

 シンプル                            ファッション性 高
              GAP
         ユニクロ                新たなブランド

  大衆ファッショングループ   低
```

大衆ファッショングループから高級ブランドグループへ移る際に、より個性的なファッションを楽しみたいという理由があれば、低価格で個性的なファッションを楽しめる商品を提供すればブルー・オーシャンを築ける可能性が高まる。

■ **パス3：ライバル他社と違う買い手グループにフォーカスする**

　一般的に、企業は顧客（買い手）をひとくくりで考えていますが、買い手は複数の特徴をもったグループに分類することができます。

　製品の購入に際して代金を負担する**購買者**や、実際に利用する**利用者**、そして製品の購入に影響を与える**影響者**という分類です。

　通常、企業はマーケティングを行なう際に、これらの買い手グループを詳しく分析することなしに、いずれか1つの買い手グループにフォーカスして製品のアイデアを考えていますが、それぞれの買い手グループはそれぞれの価値観をもって製品を評価しています。つまり、違う買い手グループにフォーカスすれば、まったく違ったプロダクトコンセプトが生まれる可能性があるのです。

　たとえば、子どものおもちゃは購買者が祖父母であり、影響者が両親、利用者が子どもという構図も成り立ちますが、ここで利用者の子どもにフ

ォーカスを当てた製品開発を行なうのではなく、祖父母や両親にフォーカスを当てたプロダクトコンセプトを考えれば、これまでとはまったく違う製品のアイデアが浮かんでくるのです。

ここで、どの買い手グループが決定権を握っているか、そしてその買い手グループは従来業界では重要視されていなかったグループかというポイントを把握することが、ブルー・オーシャンにつながってくるのです。

■ **パス４：補完財や補完サービスを検討する**

通常、企業は単品として製品・サービスを販売することによって顧客のニーズに対応しています。

ところが、身近な事例を考えてみればわかるように、製品・サービスというのは単品でニーズを満たすことがほとんどありません。

たいていの場合、私たちは単品ではなく複数の製品・サービスを組み合わせて利用しているわけです。

たとえば、パソコンはワードやエクセルといったソフトウェアと組み合わせて、初めて大きな価値をもつようになります。

ただ、多くの企業は１つの製品・サービスだけに注力してプロダクトコンセプトを検討しているのが現状です。

せっかく組み合わせることによって自社製品の価値が飛躍的に高まるのに、それに気づいていないのです。

たとえば、スターバックスは、提供するコーヒーの質が高いことが人気の理由の一つですが、それに加えてゆったりと飲むことのできる環境という補完財を加えて、ブルー・オーシャンを築いていきました。

このように、補完財や補完サービスの存在に気がつけば、新たなプロダクトコンセプトが生まれ、自社製品の価値を飛躍的に高めてブルー・オーシャンを開拓することにつながっていくのです。

■パス5：**機能志向と感性志向を切り替える**

製品には、**機能志向**と**感性志向**があります。

機能志向とは、製品・サービスにどのような機能が備わっているかで、その製品・サービスの価値が決定されることです。たとえば、パソコンなどがその代表として挙げられます。

一方で感性志向とは、顧客の感性によって製品・サービスの価値が決定されることであり、具体的にはファッションなどが挙げられるでしょう。

一般的に同じ業界であれば、同じ志向で競争を行なっている場合が多いといえます。

つまり、機能志向の製品・サービスを提供する業界では、大半の企業が機能志向の製品・サービスを、そして感性志向の製品・サービスを提供する業界では、大半の企業が感性志向の製品・サービスを提供し、同じ土俵でビジネスを展開しているのです。

同じ業界で同じ志向の製品やサービスを提供していれば、競争が激しくなることは避けられません。

たとえば、時計業界は機能志向の代表ともいえますが、この業界にファッションという感性志向を取り入れることにより、Swatch（スウォッチ）は大成功を収めました。また、10分1000円のヘアカット店・QBハウスは、それまで感性志向が主流であった理容業界に機能志向を取り入れ、ブルー・オーシャンを築きました。

このように、機能志向の業界であれば感性志向を、そして感性志向の業界であれば機能志向を取り入れてプロダクトコンセプトを考えることによって、自社製品を差別化していけば、ブルー・オーシャンを開拓できる可能性は高まるでしょう。

■パス6：**将来を見通す**

企業がビジネスを展開するうえで、その意識の大半は顧客やライバル企

業に向いています。ただ、顧客やライバル企業に意識を集中しすぎると、短期的にいかに売上を伸ばすかということばかりを考えるようになって、レッド・オーシャンから抜け出すことができなくなってしまいます。

そこで、顧客やライバル企業といったミクロ環境から目を転じて経済などのマクロ環境を見通します。そうすると、新たなプロダクトコンセプトが生まれます。

この場合、現在起こっている現象に対応するのでなく、「将来起こりうるマクロ環境の変化は、顧客価値や自社のビジネスモデルにどのような影響を与えるだろうか？」という長期的な観点に立ったうえでの対応が求められます。

このマクロ環境の長期的な観点に立った予測を行なうためには、その現象が、次の3つの条件を満たす必要があります。

①事業に決定的な影響を与える
②その現象は決して後戻りしない
③はっきりとした軌跡を描きながら進んでいく

ただ、この6番目のブルー・オーシャンを開拓する「将来を見通す」という方法がむずかしいのは、そのタイミングにあります。

まさに適切なタイミングでプロダクトコンセプトを考え出し、適切なタイミングで市場に投入しなければ、ブルー・オーシャンを開拓することはできないからです。

たとえば、これまで何度か"電子書籍元年"と称して企業が電子書籍の普及に力を入れてきましたが、過去の挑戦はいずれも時期尚早で失敗に終わっています。

製品の投入が早すぎれば、市場で受け入れられずに事業が育たないまま終わる可能性が高くなりますし、逆に遅すぎれば、ライバル他社にブル

ブルー・オーシャンにつながる6つのパス

ブルー・オーシャンへのパス	カギになる質問
1. 代替産業に目を向ける	・何が代替産業か？ ・顧客が代替産業との比較・選択をするときに判断ポイントとしているのは何か？
2. 業界内の他の戦略グループから学ぶ	・業界にどのような戦略グループがあるか？ ・顧客が戦略グループ間を移動する理由は何か？
3. ライバル他社と違う買い手グループにフォーカスする	・どのような買い手グループが存在するか？ ・ライバル企業はどの買い手グループにフォーカスしているか？ ・他社と違う買い手グループにフォーカスすれば、新しい価値を生み出せるか？
4. 補完財や補完サービスを検討する	・自社製品に何かを補完することで、新しい価値が生み出せるものはないか？
5. 機能志向と感性志向を切り替える	・自社の属する業界は機能志向か？　感性志向か？ ・逆の志向を追求すれば新たな価値を提供できるだろうか？
6. 将来を見通す	・方向性のはっきりとした後戻りしないトレンドで自社に影響を与えるものはどんなものか？ ・顧客に大きな価値をもたらすためにはどのようなことが考えられるか？

6つのパスを通してブルー・オーシャンに至る
プロダクトコンセプトを考えよう

出所：W・チャン・キム、レネ・モボルニュ著『ブルー・オーシャン戦略』（武田ランダムハウスジャパン）をもとに作成

ー・オーシャンを開拓され、自社の選択肢は収益率に劣るレッド・オーシャンでの戦いを挑まざるを得ない事態に甘んじることになります。

　それほど、将来を見通してブルー・オーシャンを開拓するのは、タイミングがむずかしいといえるでしょう。

4つのアクションを
アクション・マトリクスに書き込む

　これまで6つのパスを活用して、ブルー・オーシャンを築くプロダクトコンセプトを考えましたが、製品のアイデアだけではブルー・オーシャンを開拓できるとは限りません。

　買い手にとってその製品が本当にこれまでとは比べ物にならないくらいの価値を提供しているかを、ビジネスモデルの観点からも検証する必要があるのです。

　これまで購入を躊躇していた非顧客層が「ぜひとも購入したい」と思うようなビジネスを展開しなければ、ブルー・オーシャンを開拓することなどできません。

　もし、そのような条件を満たさなければ、ビジネスモデルを練り直す必要が生じてくるわけです。

　それでは、多くの非顧客層が進んで「ぜひとも購入したい」と思うような製品を提供するビジネスモデルを構築するためのフレームワークをここで紹介しましょう。

　そのフレームワークとは「4つのアクション」です。

　4つのアクションとは文字どおり、ブルー・オーシャンを築くために企業が取るべき4つの行動という意味です。

　この4つの行動には**取り除く**、**減らす**、**増やす**、**付け加える**が含まれます。そして、**アクション・マトリクス**というブルー・オーシャン戦略独自

のツールを活用して、この４つのアクションを整理していくのです。

　ブルー・オーシャン戦略を成功に導くために最も重要な概念はバリュー・イノベーションです。バリュー・イノベーションとは、顧客にとっての価値の向上とコスト削減を同時に実現していくブルー・オーシャン戦略独自の考え方でした。
　このバリュー・イノベーションを実現するために有効なフレームワークが、この４つのアクションになります。
　一般的に４つのアクションのうち、「取り除く」と「減らす」は顧客にとっての価値に直結しないサービスを削ってコスト削減につながっていくでしょうし、「増やす」と「付け加える」は顧客にとっての価値を高めていく差別化につながっていくでしょう。

　４つのアクションでは、次のような４つの質問を活用して、ブルー・オーシャン戦略のアイデアをアクション・マトリクスに書き込んでいくことになります。

　まず、初めの質問は「これまで業界の中で当たり前のように製品・サービスに対して付加される要素のうち、取り除いても顧客に対する価値に影響のないものはないか？」というものです。
　多くの企業は何も考えることなしに、これまで行なってきたという理由だけで、無駄なサービスを提供している場合があります。その付加的なサービスを「取り除く」のです。そのようにしても顧客が感じる価値にあまり大きな影響がなければ、思い切ってその要素を取り除き、コスト削減につなげていく必要があるのです。

　次に、まったく取り除くことができない場合は適度なレベルまで「減らす」という考え方も重要になります。そのような場合、「これまで業界の中で当たり前のように製品・サービスに対して付加される要素のうち、思

4つのアクションをアクション・マトリクスに落とし込む

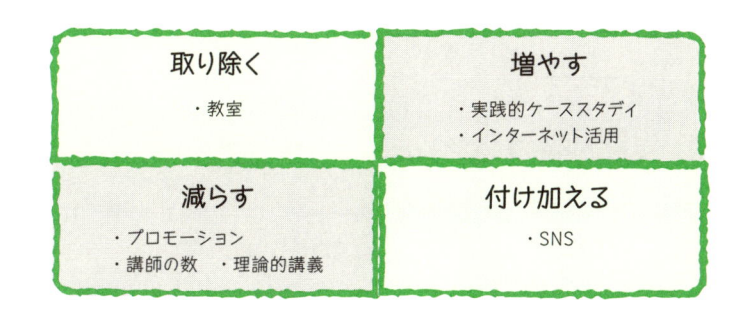

取り除く	増やす
・教室	・実践的ケーススタディ ・インターネット活用

減らす	付け加える
・プロモーション ・講師の数　・理論的講義	・SNS

上の図のように、ブルー・オーシャンを開拓するプロダクトコンセプトやビジネスモデルを考えよう（事例はビジネススクールの場合）

いきり減らしても顧客に対する価値に影響のないものはないか？」という質問をしてみればいいでしょう。

　多くの企業はライバル他社に負けまいと、自社製品に対して顧客視点ではなく、企業の論理で不要な要素を付け加えることがあります。このような場合、顧客に奉仕しすぎてコストばかりがかさみ、利益の上がりにくい体質になっているか、もしくは顧客にとっては不要なサービスばかりで価格だけが高くなり、相対的に価値の低い製品を提供する企業体質になっています。
　そこで、顧客にとって価値にあまり影響のない過剰なサービスなどを削り取り、適正な水準にもっていくことにより、低コスト体制を実現することが可能になるわけです。

　そして、自社製品・サービスの差別化につながる「増やす」「付け加える」というアクションです。

「増やす」では、「業界標準とされている水準から大幅に増やすべき要素は何か？」という質問をすればいいでしょう。この質問に答えることによって、これまで業界の提供する製品に対する不満や不便を解消するためのアイデアが浮かび上がってきます。

「付け加える」については、「業界でこれまで提供されておらず、付け加えることによって飛躍的に顧客にとっての価値が増す要素は何か？」という質問に答えていけばいいのです。

4つのアクションというフレームワークを活用すれば、プロダクトコンセプトを補完するアイデアが生まれるでしょうし、これまで非顧客が不便を感じて利用しなかった購入から使用、廃棄に至るプロセスを改善することによって、顧客にとっての価値を飛躍的に高めるビジネスモデルのアイデアも生まれてきます。

とくに、この4つのアクションの中でも重要なのは、「取り除く」と「付け加える」です。

この「取り除く」と「付け加える」というアクションは、これまで業界の枠組みを超えてまったく新たな領域でビジネスを展開することにつながっていくからです。

業界の常識に捉われることなく、ゼロベースでビジネスモデルを見直し、不必要な要素は取り除き、価値を高める要素は大胆に取り込むことによって、従来の競争ルールから解き放たれ、競争のないブルー・オーシャンを開拓することができるようになるでしょう。

> **POINT**
>
> 4つのアクションを活用すれば、「差別化」と「低コスト」のトレードオフを解消できる。とくに、「取り除く」と「付け加える」を考えることにより、これまで業界の常識とされてきたビジネスモデルを革新できる。

Section 4　顧客が買わずにはいられない価格帯を発見する

新製品の投入時にはインパクトのある価格が必要

　ブルー・オーシャンでは、価格の設定も成功における重要なカギを握っています。

　価格は売上に大きな影響を与えることはいうまでもないでしょう。価格が高すぎれば購入する顧客の数は少なくなります。かといって安すぎる価格設定では、多くの顧客に購入してもらえるかもしれませんが、利益を失う可能性も高くなってきます。

　ですから、売上、利益ともに極大化を実現する価格設定が、企業にとっては重要なポイントになってくるのです。

顧客の密集する価格帯の見つけ方

　ブルー・オーシャン戦略では、通常のマーケティングとは違ったフレームワークを活用して、市場にインパクトを与える価格を設定します。

　ブルー・オーシャン戦略では、新製品の投入と同時に大きな需要を喚起する必要があるので、顧客にとって魅惑的な製品とともに、購入したいという衝動を抑えられない価格設定にしなければならないのです。

　ただ、ここで間違いが起こりやすいのが、価格が安ければ安いほどいいわけではないことです。

　ブルー・オーシャン戦略に成功すると、非常に大きな利益を実現することが可能になりますが、これはとりもなおさず、ブルー・オーシャン戦略では価格を安くして需要を喚起するのではなく、適切な価格設定を行なっ

て多くの買い手を惹きつけ、十分な利益を確保することを意味するのです。

　それでは、ブルー・オーシャン戦略において適切な価格はどのように設定すればいいのでしょうか？
　その答えが"顧客の密集する価格帯"、**プライス・コリドー・オブ・ザ・マス**というフレームワークにあります。
　ブルー・オーシャン戦略ではこのツールを活用して、適切な価格を設定していきます。

　このプライス・コリドー・オブ・ザ・マスでは、ファーストステップとして、顧客の密集する価格帯を見極めていきます。
　まずは、**形態も機能も同じ製品**がどのような価格で販売されているのかを調査・分析していきます。
　たとえば、ビジネススクールという事業であれば、他のビジネススクールの学費を調査・分析するという作業です。
　この価格調査の方法は、どのような業界においても一般的に行なわれている方法でしょう。

　ただ、ブルー・オーシャン戦略における価格設定では、この調査だけでは十分とはいえません。
　これまで顧客にならなかった消費者層を惹きつけるには、従来の方法に加えて、**形態は異なるが機能は同じ製品**と**形態や機能は異なるが目的が同じ製品**という、これまで比較検討しなかった分野の製品の価格についても、調査・分析していく必要があるのです。

　それでは、「形態は異なるが機能が同じ製品」とはどのようなものなのでしょうか？
　たとえば、ビジネススクールであれば、ビジネスに役立つ理論を教え、MBAという学位を提供しています。

ここでビジネス理論が学べるという機能だけに着目すれば、何もビジネススクールに入学する必要はありません。民間の企業が提供するセミナーでも、もちろん学位を得られなくてもビジネス理論をマスターするという目的は達成できます。

　このような観点から、民間企業が提供するセミナーというのは、学位が取得できるビジネススクールとは形態は違えども機能は同じサービスといえるでしょう。

　一方、「形態や機能は異なるが目的が同じ製品」とはどのようなものなのでしょうか？

　同じくビジネススクールの事例でいえば、顧客の目的はビジネス理論をマスターしてビジネスの世界で活躍することです。

　そのために、ビジネススクールや民間企業が提供するセミナーで講師からビジネス理論を学んでマスターしていくことになりますが、とくに講師から教わらなくてもいいという場合は、同じ目的をビジネス書を読むことによって達成することができます。

　ビジネス書は、教室ベースの講座と違い、講師の口から直接教わることはできませんが、同じビジネス理論が記されたものです。これにより、ビジネス理論をマスターしてビジネスの世界で活躍するという目的自体は達成できます。

　つまり、ビジネス書は、ビジネススクールとは形態や機能は異なるが目的が同じ製品といえます。

　「形態は異なるが機能が同じ製品」と「形態や機能は異なるが目的が同じ製品」の違いを把握したところで、ブルー・オーシャン戦略のプライス・コリドー・オブ・ザ・マスというツールを活用して、「形態も機能も同じ製品」「形態は異なるが機能が同じ製品」「形態や機能は異なるが目的が同じ製品」という３つの分野における価格を調査します。

具体的には、1つの表にまとめて顧客の密集する価格帯を見極めていくことになります。

プライス・コリドー・オブ・ザ・マスでは、横軸に製品のこれら3つの分野を配置し、縦軸に価格帯をとります。そして、3つの分野それぞれに調査した価格帯を円で表わしていくことになります。

このとき、円の大きさはそれぞれの製品・サービスが惹きつける買い手の数に比例して描いていくといいでしょう。

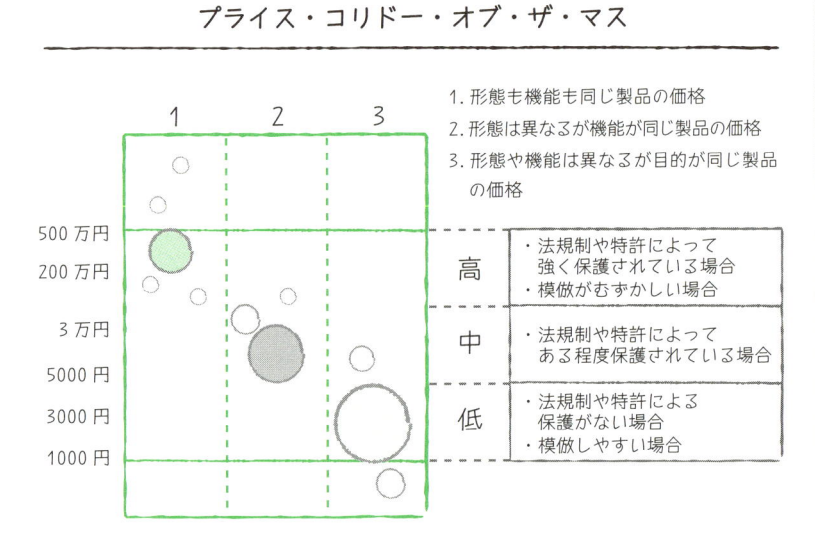

プライス・コリドー・オブ・ザ・マス

1. 形態も機能も同じ製品の価格
2. 形態は異なるが機能が同じ製品の価格
3. 形態や機能は異なるが目的が同じ製品の価格

価格帯	保護の状況
高（500万円／200万円）	・法規制や特許によって強く保護されている場合 ・模倣がむずかしい場合
中（3万円／5000円）	・法規制や特許によってある程度保護されている場合
低（3000円／1000円）	・法規制や特許による保護がない場合 ・模倣しやすい場合

プライス・コリドー・オブ・ザ・マスを活用すれば、顧客を惹きつける価格帯が一目でわかる

たとえば、ビジネススクールを事例にとって、プライス・コリドー・オブ・ザ・マスを作成したのが上の図です。

まず、「形態も機能も同じ製品」の欄には200万円から500万円の価格帯が最も顧客を惹きつけるとすると、その価格帯に最も大きな円を描い

ていきます。

　次に、「形態は異なるが機能が同じ製品」として、民間企業が提供するセミナーを対象にすると、5000円から3万円あたりに最も大きな円を描くことができます。

　最後の「形態や機能は異なるが目的が同じ製品」のビジネス書では、1000円から3000円の価格帯に最も大きな円を描くことができるでしょう。

　3つの分野において、調査した価格帯を、買い手を惹きつける度合いに応じた円で表わしてみると、顧客の密集する価格帯を発見することができます。

調査した価格帯から
インパクトのある価格を設定

　その後のステップとして、顧客の密集する価格帯の中で適切な価格設定を行なっていくというプロセスに移ります。

　見極めた価格帯でどのレベルに価格を設定するのかは、製品の特徴によって変わってきます。
　まず、自社の製品が法律や特許によって強く保護されている場合や簡単に真似することがむずかしい場合は、顧客の密集する価格帯の最も高いレベルで価格設定を行なうことが可能です。
　たとえば、ブランド力の高いビジネススクールでは、最も高い価格設定を行なうことができるわけです。
　一方で、法律や特許などで保護することができず、比較的真似のしやすい製品の場合は、最初から顧客の密集する価格帯の下限で価格を設定して市場にインパクトを与え、大きな需要を喚起する戦略が有効でしょう。
　たとえば、ブランド力のないビジネススクールでは、価格設定を1講座

当たり、ビジネス書と同じレベルに設定すれば、これまでビジネススクールで学びたくても学べなかった非顧客を取り込むことに成功する可能性が高まるわけです。

　ブルー・オーシャン戦略では、通常のマーケティング戦略で行なうプライス戦略を踏襲(とうしゅう)することなく、プライス・コリドー・オブ・ザ・マスという独自のツールを活用することによって、市場や自社にとって最もインパクトの高い価格設定を行なうことが可能になるのです。

> **POINT**
> プライス・コリドー・オブ・ザ・マスを活用することによって、同業ばかりか他業種から顧客を惹きつける価格を発見できる。

価格マイナス方式を実現する3つのコスト削減策

　ブルー・オーシャン戦略では、まず戦略的な価格を設定して、コスト戦略を立てるという「価格マイナス方式」で価格設定を行なっていきます。
　これまでにない市場を創造し、ブルー・オーシャンをできる限り長く存続させるために、ライバル他社にとって市場に参入する意欲を減退させる戦略価格を採用するのです。

　通常、このような価格マイナス方式の価格戦略を実践する場合、コストの目標水準を達成することは非常に困難を極めます。
　そこで、ブルー・オーシャン戦略では3つの観点からコストを削減して、高い収益を上げることを目指していきます。

　コスト戦略の1番目の方法は**現状の業務オペレーションの合理化を図って、業務のさまざまな段階でコストを削減**していくことです。

企業は、仕入れから販売に至る「主活動」と、その主活動を支える技術開発や財務、労務などの「支援活動」という業務オペレーションを通して事業を行なっています。

　この業務オペレーションの各段階で無駄なコストを発見し、削減していくことによってコスト目標を達成していくわけです。

　たとえば、これまで使用していた原材料を見直したり、製造拠点を人件費の安い地域に移転したりすることで、長期的な観点からコストを削減できる場合があります。

　２番目の方法として、**業務提携やアウトソースを行なってコストを削減**していくことが挙げられます。

　外注を行なわず、自社でバリューチェーンのすべてを完結すれば、コストを大幅に削減できる場合がありますが、逆にこれまで自社で行なっていた業務オペレーションを専門業者にアウトソースすることによって、コストを削減できる場合もあります。

　この２つの方法は、ブルー・オーシャン戦略ならずとも、企業が一般的に用いるコスト削減法ですが、これでもなかなか目標コストに到達しない場合にはどうすればいいのでしょうか。

　そのような場合には３番目の方法、**価格イノベーション**に取り組むことになります。

　価格イノベーションとは、業界の価格モデルを覆して市場にインパクトを与える価格を提供していく方法です。

　この３番目のコスト戦略である価格イノベーションには３つの方法があります。

　１つ目の価格イノベーションは**タイムシェアリング**と呼ばれる方法です。タイムシェアリングとは、普通に販売すれば高額な製品を時間単位で販

売することです。このタイムシェアリングによって、どんなに高価な製品でも劇的に安い価格を設定できるようになります。

たとえば、都心の月極め10万円で貸し出している駐車スペースをタイムシェアリングして、15分100円で貸し出せば、月31日でフル稼働した場合、売上はおよそ30万円になります。サービスを低価格で提供してもうまくいけば、実に3倍近い売上を上げられるのです。

2つ目の価格イノベーションは**スライスシェア**と呼ばれる方法です。

スライスシェアでは、製品を小口化して多くの顧客が手の届きやすい戦略価格に設定していくことになります。

このスライスシェアの事例としては、ミニ株があります。たとえば、最低数百万円必要な株式投資を小口化させて数万円から投資できるようにすれば、これまで大きな金額に躊躇していた非顧客層を取り込むことが可能になるわけです。

コスト目標が達成できない場合は価格イノベーションを起こそう

タイムシェアリング
時間貸しにしてみる

スライスシェア
小口化してみる

価格という概念を捨て去る
FREE　0¥
無料にしてみる

そして、価格イノベーションの３つ目は**価格という概念を捨て去る**ことです。これは、無料で製品やサービスを提供して売上を上げるという方法になります。

たとえば、グーグルの検索サービスは誰でも無料で利用できます。ただ、グーグルもボランティアで事業を行なっているわけではなく、どこかから収益を上げなければいけません。

そこで、検索サイトや提携サイトに広告スペースを提供することによって売上を上げ、事業の活動費を賄っているのです。

この「価格という概念を捨て去る」という方法はインターネットが発達して、とくに多くの企業によって価格イノベーションとして活用されるようになりました。

携帯電話向けゲームやソーシャル・ネットワーキング・サービスなど、無料でサービスを提供しながら、広告や追加の有料サービスで収益を上げていくモデルです。

ただ、この価格イノベーションは、無料でサービスを始めたものの、無料ということで提供するサービスの品質が低いという誤解から十分な利用者が集められなかったり、利用者が集まっても広告主が集まらなかったり、有料サービスが利用されなかったりして、売上が予想を下回り事業継続を断念するケースも後を絶たないので、実際に導入する際には十分な検討が必要だといえるでしょう。

POINT

価格イノベーションを起こせば、どんなに高価なものでも安価もしくは無料で提供したうえで、従来よりも高い利益を実現できるようになる。

キム教授とモボルニュ教授に学ぶ

Section 5　ブルー・オーシャン戦略の実現性を最終チェック
再び戦略キャンバスで価値曲線を描こう

　競争環境の激しい業界に属する企業において、最初に戦略キャンバスを描いた際の価値曲線は、ライバル他社とほぼ同じようなラインを描いていたはずです。

　激しい競争が繰り広げられているということは、同じ競争要因を同じ程度重要視してビジネスを展開しているということだからです。

　ただ、ブルー・オーシャン戦略の策定過程では、これまで業界では顧客とみなされなかった非顧客をターゲットに、さまざまなフレームワークを活用して、非顧客のニーズを満たすプロダクトコンセプトやビジネスモデルを考えてきたので、自社の価値曲線はまったく違ったものになっているはずです。

優れた価値曲線かどうかを
チェックする3つのポイント

　ここで戦略キャンバスを再び活用し、価値曲線を描き直すことによって、これまで策定してきたブルー・オーシャン戦略が効果を発揮するかどうかを確認することができます。

　最終的にライバル企業とまったく違う価値曲線が描ければ、ブルー・オーシャン戦略を実行に移す最終段階を迎えることになるのです。

　まずは、優れた戦略に共通する3つの特徴をチェックして、新たに描かれた価値曲線がブルー・オーシャン戦略として優れているかどうかを確認

していくことにしましょう。

優れた戦略は「メリハリ」「高い独自性」「訴求力のあるキャッチフレーズ」といった３つの特徴を満たす必要があります。

これらの特徴を兼ね備えていなければ、高コスト体質でライバル他社との差別化ができておらず、自社の特徴を伝えることもむずかしいので、まず成功することはありえないといっても過言ではないでしょう。

新たな価値曲線を描き終えたら、新たな戦略がこの３つの特徴を兼ね備えているかをチェックしていきます。

１つ目の特徴は**メリハリ**です。多くの企業は複数の競争要因があれば、すべてを高いレベルで満たそうと考えがちです。しかし、もしすべての競争要因を高いレベルで実現できたとしても、多大なコストがかかり、最終的に価格に転嫁されて結局は競争力を失う羽目になります。

企業の保有する経営資源には限りがあるので、どの競争要因を重視するのかという選択と集中を行なわなければ、優れた戦略とはいえないのです。

２つ目の特徴は、**高い独自性**ですが、ライバル他社との競争を意識しすぎた戦略では、気づかないうちにライバルの戦略を自社の中に取り込んで独自性が失われることも考えられます。

ブルー・オーシャン戦略は、競争を意識するのではなく、これまでに開拓されていない市場を創造していく戦略なので、もちろん独自性は重要なファクターになります。

ここで「取り除く」「減らす」「増やす」「付け加える」という４つのアクションを活用してアイデアを考え、業界の一般的な戦略とかけ離れた要素を検討すれば、独自性を高めることにつながっていくでしょう。

３つ目の特徴は**訴求力のあるキャッチフレーズ**です。成功を約束されたブルー・オーシャン戦略とするためには、非常に魅力的で人々の心を捉えるキャッチフレーズが必要になってきます。

爆発的に売れる製品は単純明快なメッセージで表現され、メッセージを聞いた途端に、どのように自分の欲求を満たすかが理解できなければならないからです。

人は、自分が理解できないものに対してお金を支払うことはまず考えられません。ですから、自社の製品が多くの人に訴求力のあるキャッチフレーズで表わされるかどうかということも、優れた戦略としての重要なポイントになってくるのです。

最終的に自社の立てたブルー・オーシャン戦略が優れた戦略であるかどうかは、戦略キャンバスに新たな価値曲線を描き直したうえで、「メリハリ」「高い独自性」「訴求力のあるキャッチフレーズ」という3つの特徴を備えているかどうかをチェックすることで、確認できるでしょう。

戦略キャンバスを活用して、価値曲線を描き直す

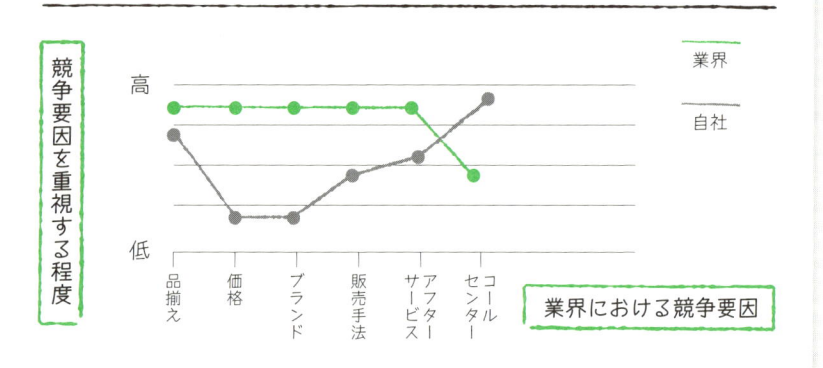

「メリハリ」「高い独自性」「訴求力のあるキャッチフレーズ」を満たしているかどうかをチェックする

BOIインデックスで
実現性をチェックする

　戦略キャンバスを活用して新たな価値曲線を描き直し、優れた戦略に特有の3つの特徴が確認できたら、戦略を実行に移す最終段階として、**ブルー・オーシャン・アイデア（BOI）インデックス**というツールを活用して戦略の実現性を確認していくことになります。

　BOIインデックスでは、4つの項目において、新たに立てた戦略が条件を満たしているかどうかを確認し、最終的にブルー・オーシャン戦略を実行に移して成功できるかどうかを判断していくことになります。

　その4つの条件とは「効用」「価格」「コスト」「導入」です。それぞれの項目について簡単な質問に答えることによって、ブルー・オーシャン戦略の成否を見分けることが可能になるのです。

　まず、第一の関門である**効用**においては「新たな製品はこれまでの製品と比べものにならないくらいの効用を実現しているだろうか？」「この製品はどんなことがあっても購入したいと消費者が思うだろうか？」という質問に答えていきます。

　この質問にYesと自信をもって答えられるようなら、次の項目に移ります。

　もしこの質問にYesと答えられない場合は、再度プロダクトコンセプトを練り直す必要があるでしょう。

　第二の関門は**価格**です。この価格においては「多くの人の需要を喚起するに値する価格か？」という質問をしていきます。

　ここで十分にインパクトのある価格設定を行なっていれば次の項目に移ります。

　もし価格設定に不安がある場合は、価格戦略に戻ってブルー・オーシャ

ンを開拓するにふさわしい価格設定を価格マイナス方式で行なっていかなければいけません。

　第三の関門は**コスト**です。このコストにおいては「価格設定から十分な収益を上げられる目標コストを達成できるか？」という質問に答えていきます。
　インパクトのある価格設定で、なおかつ十分な収益を上げることができるようであれば、BOIインデックスの最終関門に進んでいくことになりますし、目標コストを達成できないようであれば、コスト戦略に立ち戻ってコスト削減を検討していかなければいけません。
　ただ、どうやっても目標コストを実現できないという場合は、価格イノベーションを起こして、業界の価格概念を覆した方法を導入する必要もあるでしょう。

　3つの関門をクリアすれば、いよいよ最終関門である**導入**をチェックしていきます。ここでは「導入の障害となるものを予測し、事前に対処ができているか？」という質問に答えていくことになります。
　通常、ブルー・オーシャン戦略はこれまでの戦略を否定する部分が多く含まれているので、既得権益を守りたい保守的な関係者の抵抗も十分に考えられます。
　このような組織的な障壁を事前に予測して、関係者に十分な根回しを行なったうえで実行に移さなければ、いかに優れた戦略といえども実行段階で頓挫する可能性が高くなるわけです。
　やはり、ブルー・オーシャン戦略を成功に導くためには、実行する前に将来の障害を予測して、事前に取り除いておくことも非常に重要なポイントとなるのです。

　入念な最終チェックが終わって4つの関門をクリアすれば、後はこれまで考えてきたブルー・オーシャン戦略をアクションプランに落とし込み、

ブルー・オーシャン戦略の実行までのチェックポイント

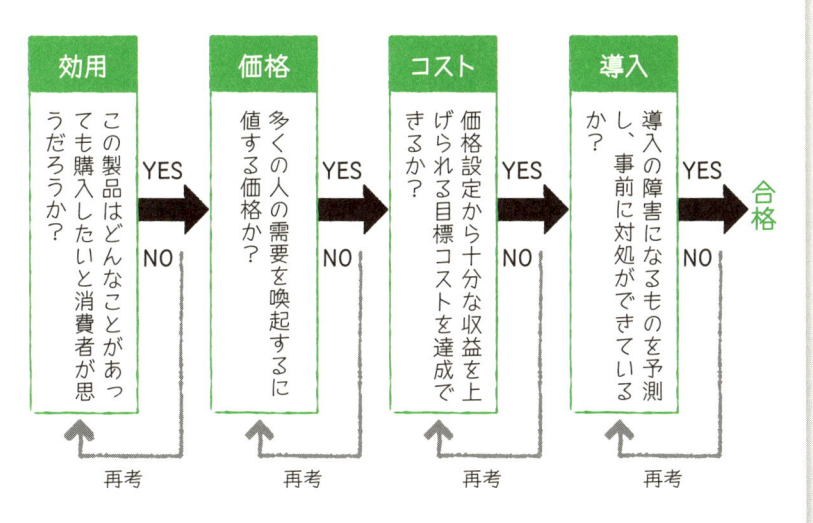

効用		価格		コスト		導入	
この製品はどんなことがあっても購入したいと消費者が思うだろうか？	YES→ NO↓	多くの人の需要を喚起するに値する価格か？	YES→ NO↓	価格設定から十分な収益を上げられる目標コストを達成できるか？	YES→ NO↓	導入の障害になるものを予測し、事前に対処ができているか？	YES→ 合格 NO↓
↑再考		↑再考		↑再考		↑再考	

出所：W・チャン・キム、レネ・モボルニュ著『ブルー・オーシャン戦略』（武田ランダムハウスジャパン）をもとに作成

組織に属するもの全員で計画を実行していくことになります。

実行段階では事前の計画と乖離する場合もあるかもしれませんが、そのときは戦略を随時修正しながら戦略の精度を高めていけば、必ずや成功へとつながっていくでしょう。

> **POINT**
> BOIインデックスを活用して、ブルー・オーシャン戦略の実現性を最終チェックしよう。

Resting Time

4時間目のまとめ

　競争のない市場を創造するためには「差別化」と「コスト・リーダーシップ」を同時に実現するバリュー・イノベーションが重要なカギを握ることがわかった。

　ポーター教授は、「差別化とコスト・リーダーシップのいずれかを採用すれば競争優位を確立できる」と語ったが、差別化とコスト・リーダーシップを同時に追求するという高いハードルを越えたところに、競争のない青い海（ブルー・オーシャン）が広がっているのだ。

　競争のない市場を創造するためには、競合がこれまで重要視してこなかった非顧客層に目を向ける必要がある。
　非顧客は既存顧客と比較にならないくらいの規模があり、すべての非顧客を満足させるプロダクトを提供することはむずかしいかもしれないが、非顧客を3つのタイプに分類し、共通のニーズを浮き彫りにすることで、ブルー・オーシャンを生み出すプロダクトコンセプトやビジネスモデルを考え出すことができる。
　そのプロダクトに対して、購入せずにはいられない価格を設定し、十分利益の上がるコスト戦略を実行すれば、これまでのマーケティング戦略では考えられなかった業績が現実のものとなるわけだ。

　ただ、注意しなければならないのは、競争のないブルー・オーシャンをいくら開拓しても、いずれは競合が市場に参入してきて、レッド・オーシャン化するということだ。

ここで疑問に思うのは、「新たに創造した市場はどのような過程を経て、レッド・オーシャン化していくのか？」ということ……

　この僕の問いに対して、明確な答えを示してくれるのが、イノベーションの普及プロセス研究における第一人者のエベレット・ロジャーズ教授だ。５時間目は、ロジャーズ教授が、とくにハイテク製品の普及プロセスに詳しい気鋭の経営コンサルタントであるジェフリー・ムーア氏を伴って登壇するという。

　静かにドアが開くと、２人のイノベーションの専門家が姿を現わした。いよいよ、最後の講義の始まりだ……

4時間目のノート ＜ブルー・オーシャン戦略＞

- ◎ 競争のないブルー・オーシャンは、差別化とコスト・リーダーシップを同時に実現するバリュー・イノベーションを起こすことによって生まれる。
- ◎ ブルー・オーシャン戦略が必要かどうかは、戦略キャンバスを活用して業界の価値曲線を描けばわかる。
- ◎ ブルー・オーシャン戦略では"脱セグメンテーション"で非顧客をターゲットにする。
- ◎ 非顧客の違いではなく、共通するニーズに着目する。
- ◎ 6つのパスや4つのアクションを通して、ブルー・オーシャンにつながるプロダクトコンセプトやビジネスモデルを検討する。
- ◎ インパクトのある価格を設定し、十分に利益の上がるコスト戦略を考える。
- ◎ 戦略キャンバスに価値曲線を描き直し、優れた戦略の3条件を備えているかを確認する。
- ◎ BOIインデックスで、ブルー・オーシャン戦略の最終的な実現性をチェックする。

5時間目

ロジャーズ教授とムーア氏に学ぶ
「イノベーションの普及法」

皆さん、ロジャーズとムーアです。
企業は常に新たな価値を市場に提供する「イノベーション」を起こし続ける必要があります。ただ、イノベーションは自然に普及するものではありません。企業が意図的にしかけていかなければ、短い期間で市場から姿を消す運命にあります。新たな価値をいかに多くの消費者に伝え、長い間支持され続ける企業となれるのか？　この講座では、そんな悩みを解消する戦略をお伝えしていきます。それでは、最後の講義を始めることにしましょう。

Rogers　　Moore

エベレット・ロジャーズ　＆　ジェフリー・ムーア
ロジャーズ：イノベーションの普及過程を解き明かした「イノベーター理論」の提唱者。ミシガン大学やスタンフォード大学、南カリフォルニア大学などで教授を歴任。2004年没。／ムーア：数多くのハイテク大手企業をクライアントに抱えるコンサルティングファームTCG Advisors社の創立者兼経営パートナー。ロジャーズ教授のイノベーター理論をもとに、数多くのハイテク製品が短命に終わる原因を解明した「キャズム理論」を提唱。

ロジャーズ教授とムーア氏に学ぶ

Section 1　イノベーションを理解する
持続的な成長のためには新しい価値の提供が不可欠

　企業は、マーケティング戦略やブルー・オーシャン戦略を駆使して新しいものを生み出しても、それに満足しているようでは、市場の中で成長を続けていくことはむずかしいでしょう。

　いくら斬新な製品でも生み出された瞬間から陳腐化が始まります。新たな価値を加えようという努力を怠れば、すぐにライバル他社から革新的な製品が生み出され、いずれは取って代わられる運命にあります。

　このような観点から、企業はたとえ革新的な製品を生み出せたとしても、絶えず新たな挑戦を続けて、社会に対して新たな価値を提案していかなければなりません。

新たなものを生み出して社会を変革していく

　企業のこの絶え間ない新たな価値の追求こそが、**イノベーション**と呼ばれるものなのです。

　イノベーションとは、単に新たな製品を生み出すことばかりでなく、ビジネスモデルやプロモーション、流通システムに至るまでありとあらゆるものを対象に、社会に対して新たな価値を与える活動です。

　ただ、イノベーションは、企業側からの働きかけだけで完結する活動ではありません。成功を収めるには、企業側と消費者側双方の取り組みが重要なカギを握ります。

イノベーションとは社会に対して新たな価値を提供する活動

製品　ビジネスモデル　プロモーション　流通システム

イノベーションの範囲は製品ばかりでなく、ビジネスモデルやプロモーション、流通戦略に至るまでありとあらゆるものが対象になる

　まず、企業側からの取り組みとしては「いま、社会で何が求められているのか？」という消費者のニーズや課題を細かく分析し、「どのような製品を市場に投入すれば、消費者に受け入れてもらえるのか？」を慎重に検討したうえで、新製品を開発し、市場に投入していく必要があります。

　そして、革新的な製品が市場に投入されれば、消費者は**知識**→**説得**→**決定**→**導入**→**確認**というプロセスでイノベーションを受け入れていくことになります。

　まず、「知識」段階で、まずイノベーションの存在と機能を知り、次に「説得」段階で自分に好ましいかどうかを判断します。それから「決定」段階で、採用するかどうかを決定し、「導入」段階で、実際にイノベーションを導入していきます。最終的に「確認」段階で、期待通りかどうかを確認するというプロセスです。

　イノベーションには、企業の消費者のニーズや課題の認識から始まって、消費者に利用されて評価されるまでのすべての意思決定や活動、影響が含まれるのです。

　このようなイノベーションのプロセスを理解すれば、成功を収めるため

には、企業側からの一方的な提案ではなく、企業側、消費者側双方にメリットがあるものでなければならないことがわかるでしょう。

イノベーションで成功を収めるためには、企業側の都合ばかりでなく、消費者から共感を得られるようなビジョンを提示し、消費者1人ひとりから積極的な協力を得て、社会に広めていく必要があるのです。

この観点から、イノベーションとは「新たなものを生み出して社会を変革していくプロセス」ということもできるでしょう。

社会を大きく変えていくことはそう簡単なことはありませんが、企業は厳しい競争に生き残るという意味からも、イノベーションに真摯に取り組む必要があります。

また、絶えずイノベーションに挑戦し、成功を収める企業は、多くの消費者から認められたという意味で社会に根差した企業として、持続的な成長も実現できるでしょう。

世の中をより楽しく、便利で、豊かなものにするような新たな価値を提案し、消費者の共感や支持を得て事業を成功に導くために、イノベーションは重要な役割を担うのです。

さまざまな業界での
イノベーションの成功事例

企業にとってこれまでになかった革新的なプロダクトを開発し、市場で認められるイノベーションを実現することは、そう容易なことではありません。

それでは、これまでどのような成功事例があるのでしょうか？

実にさまざまな事例が私たちの周りにあふれていますが、まずは通信業界のイノベーションから見ていくことにします。

もともとコミュニケーションは「フェイストゥーフェイス」が基本でし

たが、郵便という革新的なサービスがヨーロッパで初めて実用化され、人々は直接に会いに行くことなしにコミュニケーションが図れるようになりました。

その後、電話が発明されると、人々はいくら離れていても直接相手の声を聴いてコミュニケーションが取れるようになりました。いまでは携帯電話で、いつでもどこでも思い立ったときに誰とでもコミュニケーションが図れる時代が到来しています。

さらにインターネットの登場により、私たちは郵便や電話だけでなく、通信回線を通して映像を見ながらコミュニケーションが図れるようになるなど、生活の利便性が飛躍的に高まるイノベーションを受け入れてきています。

同じように、移動手段のイノベーションという視点からは、もともと歩いて移動しなければならなかったところに、自転車というより速くより遠くへ行ける交通手段が開発され、次にオートバイというモーター付きの2輪車が生み出されました。

その後、より多くの人を一度に運ぶために自動車が開発され、いまでは海を越えて高速に移動できる飛行機というイノベーションが、私たちの生

ありとあらゆる業界でイノベーションは世界を変えている

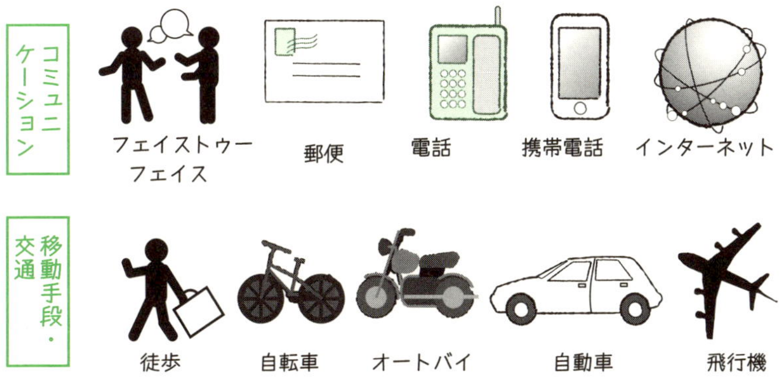

| コミュニケーション | フェイストゥーフェイス | 郵便 | 電話 | 携帯電話 | インターネット |
| 移動手段・交通 | 徒歩 | 自転車 | オートバイ | 自動車 | 飛行機 |

活をより便利で豊かなものに変えています。

　イノベーションは何も製品の分野とは限りません。ビジネスモデルやマーケティング戦略にもその影響は及びます。
　たとえば、書店といえば、どんな街にもある書籍を流通させる手段といえますが、店舗の維持にはコストがかかるために、品揃えは限られたものにならざるを得ません。皆さんの中にも、書店に行って目当ての書籍が販売しておらず、あきらめた経験のある人が少なからずいるはずです。
　このような書店のスペースという概念に捉われず、実質無限の品揃えを実現するビジネスモデルで、書店流通にイノベーションを起こした企業がアマゾンです。
　アマゾンのサイトにアクセスし、購入したい書籍を検索すれば、目当ての本を瞬時に見つけ出すことができます。その場で購入手続きを行なえば、いまでは当日でも探していた書籍を受け取ることが可能なサービスを利用できるのです。
　書店までわざわざ出かけて目当ての書籍がないかと探す手間を考えれば、飛躍的な生産性の向上を実現し利便性を高めたビジネスモデルのイノベーションといえます。

　さまざまな成功事例を検証しても、社会に価値を与えて消費者の生活をより楽しく、便利で、豊かにするイノベーションはビジネスの本質とも合致し、長い間成功し続ける要因として、重要なカギを握るのは誰の目にも明らかでしょう。

Section 2　実際にイノベーションを起こす

イノベーションは「7つの機会」から起こしていく

　イノベーションは企業の持続的な成長に欠かすことのできないものですが、具体的にはどのように起こせばいいのでしょうか？
　イノベーションを体系的に起こすには複数の機会があります。
　ここでは、ドラッカー教授による産業の内部に起因する4つの方法と、産業の外部に起因する3つの方法を紹介します。

　産業の内部に起因する4つの要素として、「予期せぬ成功や失敗」「ギャップの存在」「ニーズの存在」「産業構造の変化」があります。
　一方、産業の外部に起因する3つの要素として、「人口構造の変化」「認識の変化」「新しい知識の獲得」があります。
　イノベーションは、これら7つの要因が複雑に絡み合って実現されるというわけです。

産業内部の機会から
イノベーションを起こす方法

　産業の内部に起因する4つの要素から見ていくことにしましょう。

①「予期せぬ成功や失敗」を活用する
　まず確度の高い方法は、「予期せぬ成功や失敗」を分析してイノベーションにつなげることです。
　予期しなかった成功や失敗、そして外部の予期せぬ変化を深く掘り下げればイノベーションにつながっていく場合があります。

ビジネスを展開していれば、事前の予想を大きく上回る反響を経験したこともあるでしょう。これは予期していなかった成功といえます。この予期せぬ成功を異常値と片づけるのではなく、注意深く観察していけば、イノベーションの機会になります。

たとえば、バンダイが1999年に市場に投入した『プリモプエル』という言葉を覚えて成長していく人形は、発売直後から予想を上回る売上を記録しました。その際、寄せられるお客様の声を1つひとつ確認すると、購入したお客様は当初想定した子どもではなく、50歳前後の中高年女性からの声が非常に多いことに気づいたのです。

予期せぬ成功の背景には、子育てを終えた中高年女性が、自分の子どものようにプリモプエルをかわいがり、着せ替えの服を自作するなど、まさに"子育てごっこ"を楽しんでいるという事実があったのです。

このような想定外の反響に対して、発売元であるバンダイは即座にイノベーティブな対応をします。『プリモプエル幼稚園』というユーザー同士が自分のプリモプエルを披露し合えるようなイベントを開催したり、人形が壊れた場合には『プリモプエル病院』に入院させて治したりと、これまでのおもちゃでは考えられなかった新たなサービスを次々に展開していったのです。

その結果、ユーザー層が口コミで拡大し、プリモプエルは5年で100万体を超す大ヒット商品となりました。

また、予期しなかった失敗も、予期しなかった成功と同じ程度のイノベーションの種子が埋まっています。

慎重にビジネスを進めたにもかかわらず、当初の予想を大きく下回る成果しか上げられなかったということは、市場に大きな変化が起こっている兆候が現われたということができます。

このように、市場の変化に敏感に対応することが、イノベーションにつながっていくわけです。

この予期しなかった失敗をイノベーションにつなげていくためには、トップマネジメント自らが、現場に足を運び、顧客をよく観察して、実際の声に耳を傾けることが重要なポイントになってくるでしょう。

　最後は、外部の予期せぬ変化をイノベーションにつなげることです。企業にとって、外部環境は常に変化し続けています。この変化を見逃さず、適切な対応を行なえば、イノベーションを起こすことができます。
　たとえば、インターネット技術の発達は、企業のコスト構造に予期せぬ変化をもたらしました。インターネットを活用すれば、店舗を構える必要がなく、在庫を抱えるリスクを避けることができます。
　この外部の予期せぬ変化をうまく活用し、イノベーションにつなげた企業にアップルがあります。アップルは音楽やゲームをデジタル化し、コストを最小限にしたうえで、インターネット上のストアから配信することで、これまでには考えられなかった価格でコンテンツを提供するビジネスモデルを確立することに成功しました。

　このように、自社が予期せず起こった環境の変化に対して新たな製品やビジネスモデルを検討するなどの対応を行なっていけば、イノベーションにつながっていくことになるのです。

POINT

ビジネスで予期しない結果が出たときは、原因を深掘りするとイノベーションの種子が埋まっている。

②「ギャップ」を活用する

　次の産業内でのイノベーションの種子は「ギャップの存在」です。理想と現実には必ずギャップが存在します。このギャップを当然のことと受け入れず、解消するアイデアを検討することで、イノベーションにつながっていく場合があります。

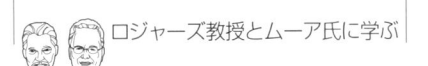

イノベーションにつながるギャップは複数存在します。

「業績ギャップ」「認識ギャップ」「価値観ギャップ」「プロセスギャップ」を利用することにより、イノベーションを起こすことが可能になるのです。

まず、**業績ギャップ**をイノベーションにつなげていくことができます。

企業の業績は外部環境に大きな影響を受けます。たとえば、成長期にあるプロダクトを主力製品にもつ企業であれば、自然に業績が向上しても不思議ではないでしょう。

ところが、外部環境的には申し分ないにもかかわらず、業績の向上につながっていない企業があれば、本来あるべき姿と現状が大きく乖離している業績ギャップが発生していることになります。

この本来あるべき姿に近づけるために状況を分析すれば、ビジネスモデルやマーケティング戦略にイノベーションを起こすヒントが見つかるはずです。

次に、**認識ギャップ**も、イノベーションに活用できます。企業自体が現実について誤った認識をもって戦略を実行に移せば、前提条件が誤っているだけに、いくら努力しても成果が上がらないどころか、逆に利益の減少につながることもあります。

これは企業の認識にギャップが生じていることに他なりません。

そこで、この認識ギャップを埋めるためにイノベーションを活用するわけです。

この認識ギャップを埋めるためのイノベーションは多くの場合、大きなイノベーションではなく、小さなイノベーションでも十分な効果が期待できるでしょう。

たとえば、パソコンなどのハイテク機器は企業側からみれば、さまざまな最新の機能を盛り込むという大きなイノベーションで需要を創出しなければならないと考えがちです。

しかし、実際に消費者が求めているのはこれまでになかった機能ではなく、使いやすさや手頃な値段という場合も少なくありません。

そこで、消費者が求めていないコストのかかる画期的な機能を搭載して価格の高い製品として市場に投入するのではなく、既存の技術を活用してすぐに使用可能になるオペレーションシステムを搭載するなど、使いやすさを追求する小さなイノベーションを起こして消費者のニーズに対応することで、業績を飛躍的に向上させることもできるのです。

さらに、**価値観ギャップ**をイノベーションに活用することもできます。認識ギャップと同じように、企業の価値観をそのまま消費者の価値観と捉えることによって機会を失う場合があります。この場合、企業と消費者の間に価値観ギャップが生じていることになります。

多くの企業は、いったん顧客とはこういうものだと決めつけてしまうと、なかなかその価値観を変更することがむずかしくなります。このような場合、イノベーションの芽を摘みかねないので注意が必要です。

たとえば、調味料というのはおかずの味を引き立てるものという価値観を企業側はもっているかもしれません。このような価値観に捉われていては、いつまでも調味料はそのカテゴリーから飛び出してイノベーションを起こすことはできないでしょう。

一方で、調味料をおかずにするという価値観を提供すれば、新たな価値観として消費者に受け入れられ、新たなカテゴリーとして市場を創造することが可能になるでしょう。

最後は、**プロセスギャップ**です。プロセスギャップを見つけるためには、自社の顧客が、どのように自社製品の存在に気づき、購入し、使用し、廃棄しているのかを細かく調査分析しなければなりません。

その調査の過程で利用者が不便に感じていることや不安に思っていることが浮き彫りになれば、その不便や不安を解消するためにイノベーションを起こしていくのです。

たとえば、パソコンメーカーがビジネスマンのパソコン使用状況を分析して、携帯するのに大きなパソコンでは不便だというプロセスギャップの存在に気づけば、小型化というイノベーションにつながりますし、出先ですぐに起動ができないというプロセスギャップが浮き彫りにされれば、すぐにソフトを起動できるシステムを開発するというイノベーションにつながっていきます。

このようなギャップの存在は、そのギャップを解消するだけでも社会的に大きな価値のあるものであり、イノベーションにつながる重要な要素といえます。

> **POINT**
>
> 企業と消費者の間に認識や価値観のギャップがあるときは、イノベーションのチャンスとなる。

③「ニーズ」を活用する

これまでお伝えしてきた予期せぬ結果、ギャップは、すでに存在するイノベーションの機会といえます。

ただ、イノベーションを起こすには現状存在していないものにもフォーカスを当てる必要があります。それが「ニーズの存在」というわけです。

このイノベーションの母としてのニーズは限定されたニーズです。漠然とした一般的なニーズではない。具体的でなければならないのです。❶

そして、その具体的なニーズには「プロセス上のニーズ」「労働力のニーズ」「知識上のニーズ」が挙げられます。

まず、**プロセス上のニーズ**をイノベーションに利用する場合には、状況ではなく課題からスタートしなければいけません。

アマゾンを事例にとれば、消費者が目当ての書籍を探し、購入するプロセスにおいて、手軽に、そして確実かつ迅速に購入したいというニーズに

着目し、ビジネスモデルにイノベーションを起こしていったのです。

　次に、**労働力のニーズ**をイノベーションに活用する方法です。労働力というのは企業にとって、固定費として収益を圧迫する要素になります。つまり、企業にとっては常に労働力を削減したいというニーズが存在しているのです。

　そこで各業界において、人手が必要だった作業を自動化させるようなイノベーションを起こせば、ただちに受け入れられて、業界標準として普及していく可能性も高くなるわけです。

　最後は、**知識上のニーズ**です。イノベーションの機会としてのニーズには、プロセス・ニーズと労働力ニーズが最も一般的ですが、その利用がより困難であり、より大きなリスクを伴ってはいるが、非常にしばしば重要な意味をもつニーズとして知識ニーズがあるのです。❷

　革新的な製品を開発するためには革新的な知識を欠かすことはできません。この目的が明確化された知識ニーズを満たすための研究開発が、イノベーションにつながっていくのです。

　たとえば、いまや携帯電話やパソコンなどは小型化や軽量化が消費者に支持される重要な要素になっています。この消費者の期待に応えるためには、超小型の部品にこれまで以上の性能をもたせるというむずかしい試みに挑戦しなければいけません。

　そこで、企業は超小型化・高性能化という知識ニーズを満たすために多額の資金を投資し、高いレベルで研究開発を行なって、イノベーションを起こしているのです。

> **POINT**
> ニーズに積極的に応えようとする姿勢がイノベーションを生み出す。

❶❷ P. F. ドラッカー著『イノベーションと企業家精神』（ダイヤモンド社）より。

④「産業構造の変化」を活用する

「産業構造の変化」について見ていくことにしましょう。

短期的に見れば、産業や市場の構造は極めて安定的かもしれません。急激には変化しにくいと感じるために、業界内部の人間にとってはこれまでの状態が永遠に続くような錯覚に陥ることもあるでしょう。

ただ、現実には産業や市場も不変のものなどありえず、時と場合によっては、小さな力で簡単に、しかも瞬時に崩れ去ることもあるのです。

この急激な変化に際して、これまでの延長線上でビジネスを続けるようであれば、事業の継続が困難になるような事態を迎える最悪のケースも想定できます。

そこで産業と市場の構造変化をイノベーションの機会と捉え、自ら進んで変化を起こしていく必要があるのです。

たとえば、日本航空といえば、日本のフラッグシップキャリアであり、日本を代表する企業でした。企業内部にいれば、自社の栄華は永遠に続き、まさか経営破綻するなど誰一人として考えていなかったことでしょう。

ところが、航空業界ではLCCと呼ばれる格安の航空サービスを提供する企業が出現し、産業構造と市場に大きな変化の波が押し寄せました。

この航空業界の構造と市場の変化をイノベーションの機会と捉え、全社一丸となって対応していれば、さらなる強固な企業として生まれ変わることもできたのでしょうが、結局のところ変わることを拒み、経営破綻せざるを得ない状況まで追い込まれました。

今後再びかつての輝きを取り戻すためには、経営破綻に至った過程を教訓にして産業構造や市場の変化に敏感に反応し、自ら進んでイノベーションを起こし続けることがカギを握るでしょう。

POINT

産業構造の変化に素早く対応することで、イノベーションを起こすことができる。

以上のように、産業の内部に潜む４つの機会、「予期せぬ成功や失敗」「ギャップの存在」「ニーズの存在」「産業構造の変化」を利用して、イノベーションを追求していけば、社会に対して新たな価値を提供することができるでしょう。

産業外部の機会から
イノベーションを起こす

　ここから、産業の外部に起因するイノベーションの機会を見ていくことにしましょう。
　その機会は３つあります。「人口構造の変化」「認識の変化」「新しい知識の獲得」です。

①「人口構造の変化」を活用する
　人口構造の変化は、いかなる製品が、誰によって、どれだけ購入されるかに対し大きな影響を与えるものであり、[3]事前に人口構造の変化について予測することによって、消費トレンドの変化を予測して、イノベーションを起こし、ビジネスチャンスをものにできるようになります。

　この人口構造の変化の分析は人口に関わる数字から始まる。ただし、人口の総数そのものにはあまり意味はない。年齢構成のほうが重要です。
　この人口の年齢構成に関して、特に重要な意味をもちかつ確実に予測できる変化が、最大の年齢集団の変化、すなわち人口の重心の移動になります。[4]

　たとえば、いま日本では少子高齢化が進み、人口の重心がより高齢者に移行しつつあります。これは誰の目にも明らかで、かつ止めることのできない人口構造の変化といえるでしょう。社会に高齢者があふれるようになれば、製品・サービスに対してこれまでとは違うニーズが求められるよう

[3][4] P. F. ドラッカー著『イノベーションと企業家精神』（ダイヤモンド社）より。

になり、そこにイノベーションの機会が存在するということです。

高齢者にやさしい製品開発にいち早く取り組むなど、人口構造の変化に着目したイノベーションを起こすことは、企業の将来的な成功にとって重要なカギを握ることでしょう。

> **POINT**
>
> 人口構造の変化、とくに最大の年齢集団の変化に着目すれば、イノベーションを起こすことができる。

②「認識の変化」を活用する

企業の外部環境として消費者の認識が変化するとき、イノベーションのチャンスが訪れることになります。

たとえば、コップに「半分入っている」と「半分空である」とは、量的に同じです。だが、意味はまったく違う。とるべき行動も違う。このように世の中の認識が「半分入っている」から「半分空である」に変わるとき、イノベーションの機会が生まれるのです。❺

たとえ同じ製品であろうとも、消費者の認識に変化が読み取れれば、イノベーションの糸口になるということです。

たとえば、ゲーム機はもともと高齢者にとって好意的に受け入れられていませんでした。ところが、任天堂のWiiは、直感的に操作できるコントローラーと誰にでも楽しめるゲームを組み合わせることによって、高齢者が楽しみながら手軽に運動不足の解消や認知症の予防に活用できるとゲームに対する認識の変化が起きたのです。

これまでゲームは若者のものという認識でしたが、高齢者にとっても役に立つものという認識に変わってきたのです。

任天堂はこの認識の変化を敏感に感じ取り、ニーズに対応したソフトのラインナップを提供することで、社会に大きな変化をもたらしたのです。

この認識の変化によるイノベーションにおいて、認識の変化をイノベーションの機会としてとらえるうえで、ライバル企業の模倣は役に立たない。自らが最初に手をつけなければならないのです。しかし、問題は認識の変化が一時的なものか永続的なものかはなかなか見極めがつかないところにあります。したがって、認識の変化に基づくイノベーションは、小規模に、かつ具体的に着手しなければならないということになります。❻

> **POINT**
> 消費者の認識の変化には、イノベーションの種子が埋まっている。

③「新しい知識の獲得」を活用する

産業の外部に起因する３つのイノベーションの機会の最後は、新しい知識の獲得によるものです。

このイノベーションは一般的に発明や発見と呼ばれるものであり、いわばイノベーションの中でもとくに目立つ存在です。成功を収めれば一躍世の中に広まって、企業に莫大な富をもたらします。

これまで私たちの生活を一変するようなイノベーションを振り返れば、この知識によるイノベーションは重要な役割を果たしていることがわかるでしょう。

ただ、知識によるイノベーションは、光と影の部分が極端であり、成功に導くことはそうたやすいことではありません。結果が出るまでのリードタイムの長さや失敗確率、不確実性などが成功までの問題として大きく立ちはだかります。

別の言葉で表現すれば、「ハイリスクハイリターン」といっても過言ではないでしょう。

たとえば、いまは主流となっている液晶テレビですが、歴史を遡れば1880年代後半にもととなる液晶が発見され、1960年代に初めて映像表

❺❻ P. F. ドラッカー著『イノベーションと企業家精神』（ダイヤモンド社）より。

示装置がつくられました。そして1980年代になってようやく小型の液晶テレビが発売され、2000年代に入って大型化が急速に進むようになったのです。

つまり、液晶技術は100年以上にもわたって実用されてきた技術といえます。この過程では、多額の資金を投入したにもかかわらず、実用化の途中で研究開発を断念し、市場から撤退した企業も多いでしょう。それほど、1つの技術で成功を収めるには大変な困難を極めるということが理解できるでしょう。

また、企業がたとえ困難を克服して新たな技術を開発してもそれが社会に受け入れられるかどうかは残念ながら事前にはわかりません。すんなりと受け入れられることもあれば、まったく無視されることもあるかもしれません。

この意味からも、新たな知識によるイノベーションを成功に導くことは、ある種の賭けといっても過言ではないでしょう。

このように、新知識によるイノベーションは、困難を極めることを覚悟したうえで取り組む必要があるでしょう。

POINT

発明・発見など新たな知識による新製品の開発はイノベーションの花形だが、実現には困難が伴う。

イノベーションの普及法

Section 3　イノベーションを普及させる
"消費の主役"に応じてマーケティングを変える

　ここまで、産業内部と産業外部の7つの機会を通じてイノベーションを起こし、新たな価値を提供する方法をお伝えしてきましたが、このイノベーションによって生み出された新製品はどのような普及過程を経ていくのでしょうか？

　イノベーションの普及プロセスを理解するためには、**プロダクトライフサイクル**について知る必要があります。

新製品が普及する4つのプロセス

　プロダクトライフサイクルとは製品の寿命のことです。市場に投入された製品も、人間と同じように生まれた後に成長し、成熟して、老いていくというプロセスを経ていくという考え方です。

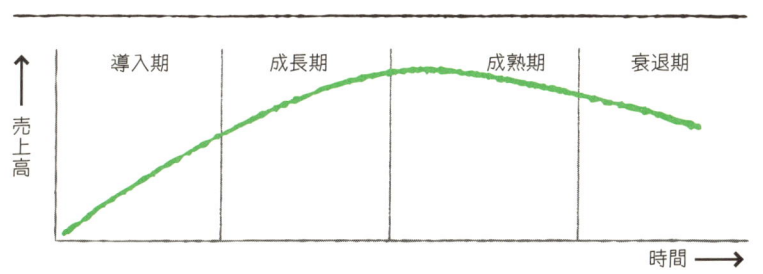

プロダクトライフサイクル

導入期　成長期　成熟期　衰退期

↑売上高　　　　　　　　　　　時間→

新製品は「導入期」「成長期」「成熟期」「衰退期」というプロダクトライフサイクルを経て、その寿命を終える

たとえば、製品も人間と同じように生まれたばかりのときは非常に手がかかります。ですから、製品を市場に投入した初期段階ではマーケティングに力を注いで、大事に育てていく必要があるのです。

この時期は、プロダクトライフサイクルの**導入期**と呼ばれています。

導入期は、まだ製品が開発されて市場に投入したばかりなので、消費者の認知度も低く、売上はほとんど立ちません。利益はゼロか場合によっては赤字というパターンも多くなります。

ただ、幸いなことに導入期は競合企業がほとんど存在しないので、自社の主体性を持って市場をリードしていくことができるでしょう。

市場である程度の認知度が高まれば、製品はあまり手をかけずに自然に成長して、売上が上がっていくようになります。これが**成長期**の特徴です。

成長期では、売上の急成長に伴って大量生産が可能になるためにバイイングパワーが増して、原材料の仕入れコストが削減できたり、工場での稼働効率が高まって製造コストが削減できたりします。

製品１個当たりの単価を劇的に低下させることが可能になるので、企業が手にする利益も急速に高まります。

ただ、利益の上がる"おいしい"市場へ転換を遂げると、競合他社も指をくわえて見ているわけがありません。

製品が成長期を迎え、相当の利益が上がると判明すると、続々と競合企業が参入して競争が激化してくるのも成長期の特徴といえます。

この成長期を経て、多くの消費者に製品が行き渡るようになると、やがて売上成長率は鈍化して、**成熟期**を迎えます。

消費の主流は新規購入から買替えや買増し需要に移行し、売上には成長期ほどの勢いはなくなり、市場規模的には緩やかな拡大に落ち着いてきます。

成長期では、急拡大する市場に利益のチャンスと見た企業が多く参入してきました。

成熟期では需要の伸びが鈍化する反面、多くの企業が供給する製品が市場にあふれるために、価格競争が激しくなって、価格は下落していくことになります。
　また、成熟期には市場での勢力図もほぼ決定し、上位企業が成長の止まった市場の中でマーケットシェアを巡って激しい覇権争いを繰り広げていきます。

　その後は売上がどんどん低下していき、最終的にはあまり製品が売れなくなる**衰退期**を迎えることになります。
　製品が衰退期を迎えると、対象顧客のほとんどに製品が浸透して需要は買替えだけになってしまいます。一方で、衰退期までに参入した多くの企業が存在するために、供給過剰の状態になって、さらに価格は下落の一途をたどります。
　この価格が低下する影響を受けて売上、利益ともに大幅に減少していくことになるのです。
　結果として、体力や戦略に劣る企業は赤字の可能性が高くなり、事業を維持することが段々とむずかしくなってきます。
　競争についていけない企業は退出を余儀なくされるという展開も十分考えられるでしょう。
　衰退期では、今後新たな需要が見込めないので企業の投資意欲も減退します。革新的な技術を伴った新製品が発売されることもない中、再び成長軌道に乗せるためには、企業にとって次の一手が必要になってきます。

　以上のように、プロダクトライフサイクルは「導入期」「成長期」「成熟期」「衰退期」という４つのプロセスを経て、製品はその寿命をまっとうすることになるのです。

　ただ、製品も人間と同じで、その寿命はどの製品も同じということではありません。製品によって、それぞれ特徴のあるプロダクトサイクルをも

っているのです。

　たとえば、いまは非常に多くの商品が短期間で開発され店頭に並ぶために、売れなければ数週間という短期間で店頭から撤去されて、市場から消えていく運命にあるものもあります。

　しっかりとしたマーケティングを行なって、消費者の支持を得た製品だけがプロダクトライフサイクルの成長過程に乗り、息の長い寿命をまっとうできるようになるわけです。

消費者の５つの特徴を示す
イノベーター理論

　プロダクトライフサイクルは「導入期」「成長期」「成熟期」「衰退期」という４つの期を経て、その普及プロセスを終えますが、各期において実は主役を演じる消費者の特徴が変わってきます。

　この消費者層の特徴を説明しているのが**イノベーター理論**と呼ばれるものです。このイノベーター理論によって、イノベーションの普及過程を説明できるのです。

　イノベーションによって生み出された新製品に対する消費者の購買行動の特徴をもとにして、消費者は「イノベーター」「アーリー・アドプター」「アーリー・マジョリティ」「レイト・マジョリティ」「ラガード」という５つのタイプに分類できます。

　そして、これら５つのタイプの消費者層が購入を始める時期に応じてプロダクトライフサイクルが特徴づけられるのです。

　企業側からすれば、その消費者層の特徴をうまく捉えたマーケティングを実施することによって、イノベーションをスムーズに普及させることができるのです。

　この５つのタイプの消費者層のうち、真っ先に消費を始めるのは**イノベ**

ーターと呼ばれる層です。この層は、消費者の2.5％に相当します。

次に、消費者の13.5％占める**アーリー・アドプター**というタイプの消費者が消費を始めます。

この２つの消費者層が購入する時期は、まだ新製品が市場に投入されたばかりの**導入期**といえます。これらの消費者層は新しいものには目がない情報感度の高いマニア層です。

企業はこの時期、２つの消費者層に対して効果的なマーケティングを実施して次の**成長期**につなげていかなければなりません。

たとえば、価格については、マニア層はあまり気にしないので高めに設定し、限定的な流通網で販売することができます。そして、次の成長期を意識して、プロモーションに予算を重点配分していく必要があるでしょう。

企業が大々的に展開するプロモーションやオピニオンリーダーの役割を果たすアーリー・アドプターからの情報発信が功を奏して、製品の認知度が高まってくると、**アーリー・マジョリティ**という消費者層が消費を始めます。この消費者層は全体の34％を占めます。

この層が消費を始めることによって、製品は爆発的な普及の兆しを見せるようになり、成長期に突入していくことになります。

この成長を確かなものにするために、企業は大量生産で低下したコストを武器にさらなる値下げを断行し、より多くの消費者が手にしやすい価格戦略を採用し、流通網も拡大させていく必要があるのです。

プロモーションにおいても引き続き予算を確保し、大々的に実施することにより、さらなる認知度向上を実現することができるでしょう。

成長期が終わりを迎える頃には、数多くの企業が参入し、さまざまな製品をかなりの低価格で提供するようになります。次の**成熟期**の段階で消費を始めるのが、**レイト・マジョリティ**と呼ばれる層です。

このレイト・マジョリティもアーリー・マジョリティ同様、消費者全体

の34％を占めます。

　この時期の適切なマーケティング戦略は、競合が増えるために製品を差別化するか、価格を競合よりも引き下げることです。そうすることによって、マーケットシェアを確保できます。

　また、より多くの消費者に届けるために、さらなる流通網の拡大に注力しなければならないでしょう。

　プロモーションにおいては成熟期になれば、認知向上よりも自社製品のブランド化を目的としたプロモーション展開が重要になってくるのです。

　製品が成熟し、**衰退期**を迎えた頃にようやく購入を始める層は**ラガード**と呼ばれ、消費者全体の16％がこの層に属しています。

　この時期はイノベーションによって生み出された製品も真新しさがなくなり、大半の消費者が見向きもしなくなります。

　ただ、効率を高めるために絞り込んだ製品ラインナップで価格を劇的に引き下げ、プロモーションは最小限にして、限られた流通網で販売すれば利益を上げることも可能になるでしょう。

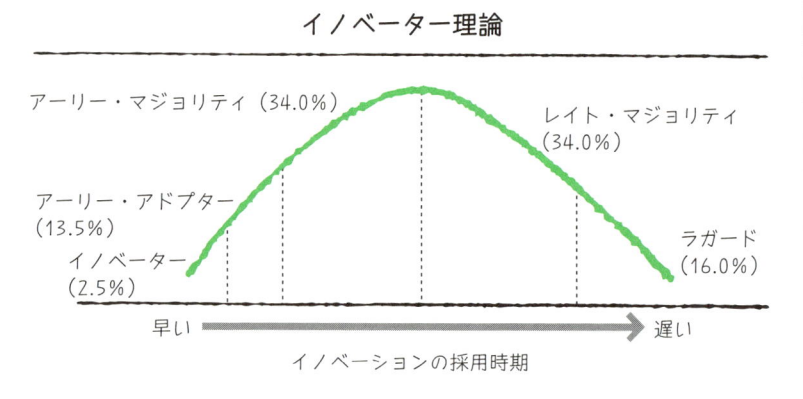

イノベーター理論

- アーリー・マジョリティ（34.0％）
- レイト・マジョリティ（34.0％）
- アーリー・アドプター（13.5％）
- イノベーター（2.5％）
- ラガード（16.0％）

早い → 遅い
イノベーションの採用時期

イノベーションはイノベーターに始まり、特徴の違う5つのタイプの消費者層に採用されながら普及していく

出所：エベレット・ロジャーズ著『イノベーションの普及』（翔泳社）をもとに作成

イノベーションによって新たに生み出された製品は、市場に投入されてからの時間の経過とともに特徴の違う顧客層によって購入され、最終的にその寿命を終えることになります。

イノベーションを適切に普及させていくには、この5つのタイプの消費者層の特徴を踏まえ、適切なマーケティング戦略を実施していくことが重要なカギを握るのです。

Section 4　キャズムを越えて、持続可能な成長を実現する

イノベーションの普及には
ニッチ市場も攻めよう

　イノベーター理論に基づけば、すべての製品は導入期から始まり、成長期と成熟期を経て、衰退期に至るというイノベーションの普及過程をたどります。とくにハイテク製品においては、マーケティング戦略の失敗により、短命でその生涯を終える場合も多くなります。この現象を解き明かしたものが**キャズム理論**です。

越えられない
大きな溝（キャズム）とは？

　先のイノベーター、アーリー・アダプター、アーリー・マジョリティ、レイト・マジョリティ、ラガードという5つの普及プロセスの間には、それぞれ簡単には越えられない"溝"があります。

　とくにアーリー・アダプターとアーリー・マジョリティの間には、製品の普及のカギを握る大きな溝があるのです。

　このアーリー・アダプターとアーリー・マジョリティの間に横たわる大きな溝は**キャズム**と呼ばれます。この溝を越えることができなければ、イノベーションは一般に普及することなく短命に終わることになります。

　このキャズム理論を理解するうえで、5つのタイプの顧客層の特性を熟知することは欠かせません。ここで、5つの消費者層の特徴を確認していくことにしましょう。

　まず、**イノベーター**は「革新者」とも呼ばれており、極めて冒険好きな

5つのタイプの消費者の特徴

消費者のタイプ	特徴
イノベーター	専門知識が豊富で、冒険好き。革新者。
アーリー・アダプター	専門知識豊富。新技術の影響を社会に伝えていく。ビジョナリー。
アーリー・マジョリティ	周囲のことを気にかける。慎重派、もしくは実利主義者。
レイト・マジョリティ	保守的で従来のやり方を重んじる。警戒心が強い。懐疑派。
ラガード	習慣を滅多に変えない。頑固。因習派。

（イノベーター・アーリー・アダプター）→ イノベーションに夢とロマンを求める
（アーリー・マジョリティ・レイト・マジョリティ）→ イノベーションに実利を求める

のが大きな特徴といえます。たとえ少々のリスクがあったとしても新しい技術を購入し、一番に試してみたいという考えをもつ層なのです。

イノベーターは専門知識が豊富であり、新しい知識があればすぐに入手したがる傾向があります。企業側にとっては新製品を市場に投入する際には、まずはイノベーターの心を掴むことがスムーズな導入につながるでしょう。

次に、**アーリー・アダプター**は専門知識を豊富にもっているばかりでなく、イノベーションが社会に対してどのような影響を及ぼすかを予見する力をもっています。そして、社会に対してイノベーションの重要性を伝えていく重要な役割も担うことになるのです。彼らはこのような特徴を踏まえて、「ビジョナリー」とも呼ぶことができるでしょう。

革新的な製品が市場に投入されたばかりの初期市場では、イノベーターとアーリー・アダプターが主な消費者層となります。

彼らの特徴は、イノベーションによって生まれた新たな製品に夢やロマンを求め、たとえ不便なことがあっても、そのようなリスクを豊富な専門知識を活用して自身で創意工夫して乗り越え、新たな技術を満喫するところにあります。

続いて消費を始める**アーリー・マジョリティ**は、新製品が社会を変えるとか夢を叶えるなどといったロマンチシズムは一切もつことはありません。興味があるのは新製品を利用することで、仕事の効率化が図れたり、コスト削減が図れたり、いってみれば新製品の導入でどのくらい自分とってメリットがあるのかということです。

また、このアーリー・マジョリティは周囲のことを気にかけるという特徴をもっていて、新製品の採用には「多くの人がすでに利用しているか？」という実績を重んじる傾向があります。彼らは別名「慎重派」、もしくは「実利主義者」と呼ぶこともできるでしょう。

レイト・マジョリティの特徴としては「保守的」ということが挙げられます。新製品をじっくりと評価して採用を決めます。従来のやり方を重んじるタイプです。イノベーションに関しては懐疑的であり、極度に警戒心が強いので、「懐疑派」とも呼ぶことができるでしょう。

ただし、レイト・マジョリティも消費者の34％を占める大多数派なので、彼らをいかに攻略するかも、イノベーションの普及にとっては重要なカギを握ることになります。

最後は、**ラガード**と呼ばれる層です。彼らはイノベーションについてはほとんど興味を示さず、自身にとってメリットが得られると確信した段階で、ようやくイノベーションを採用する特徴があります。彼らは「因習派」であり、慣習をめったなことでは変えない「頑固さ」をもっています。

このように、イノベーションの普及における消費者はその特徴から5つに分類できますが、とくにその特徴の変化が著しいのがアーリー・アドプターとアーリー・マジョリティの間です。

アーリー・アドプターまではイノベーションに夢やロマンを求め、アーリー・マジョリティ以降はイノベーションに実際のメリットを求めるようになるのです。

この特徴の違いから、アーリー・アドプターとアーリー・マジョリティの間には、同じマーケティングでは越えるのがむずかしいとされる大きな溝が横たわっていることを認識しなければならないでしょう。

キャズムを越える
クロッシング・ザ・キャズム戦略

多くの企業がイノベーションの普及に失敗するのは、イノベーターやアーリー・アドプターが主役の初期市場と、アーリー・マジョリティが購入を始める初期多数派市場では消費者の特徴がまったく異なるのに、初期市場での成功体験をそっくりそのまま初期多数派市場の攻略に当てはめてしまうからです。

アーリー・アドプターまではイノベーションに夢やロマンを求め、アーリー・マジョリティからはイノベーションに実際のメリットを求めるというように、いってみれば180度違うものを求めているのに、同じ方法で普及を促しても、成功する確率が低いことは誰の目にも明らかなことでしょう。

つまり多くの企業は、イノベーションの普及プロセスの過程で、消費者層の特徴に違いが現われることに気づいてさえいないのです。

ではどのようにすれば、アーリー・アドプターとアーリー・マジョリティの間にある大きな溝を飛び越えてイノベーションを順調に普及させることができるのでしょうか？

それには**クロッシング・ザ・キャズム戦略**が重要なカギを握ることになります。

消費者属性がまったく違う層に新製品の販売を行なっていくのですから、基本はそれぞれの消費者層に応じたマーケティング戦略を実施していかなければなりません。

たとえば、イノベーターやアーリー・アドプターに対しては、夢のようなイノベーションを起こして、手にするだけで新しい技術を体感できるような新製品を提供する必要があります。

一方で、アーリー・マジョリティには、技術をアピールするよりも、具体的かつ実利的な目に見える成果や工夫なしに簡単に使えるユーザーインターフェース、そして過去の実績を示したマーケティングを実施する必要があるでしょう。

キャズムを超えるためには、まず支配できそうなニッチ市場をターゲットとし、そこからライバルを追い払い、そこを起点としてさらに戦線を拡大する戦略がカギを握ります。これがキャズムを越える方法なのです。❼

実績を重んじる初期多数派市場だけに、まずは確実に攻略できるニッチ市場を攻略して実績をつくり、それを足がかりに次々と同じようなニッチ市場を攻略していくのです。

それはあたかもボーリングで一番ピンを倒して、次々に他のピンを倒していく様に似ているので、**ボーリングレーン戦略**という表現がぴったり当てはまります。

また、キャズムの時期にできるだけ製品を売ろうという販売重視の戦略を立ててはいけません。場合によっては、その活動が命取りになることも考えられます。

これからアーリー・マジョリティやレイト・マジョリティという、消費者の過半数を占める実利主義者が購入を始める規模の大きなメインストリーム市場に進出しようとする企業が心がけることは、販売ではなく、メインストリーム市場への足がかりを築くことなのです。つまり、まずは実利主義者の顧客に販売した実績をつくり、それをきっかけにして、メインストリーム市場での他の顧客を口説き落としていくのです。

たとえば、いまでこそメインストリーム市場で揺るぎない地位を築いて

---

❼ ジェフリー・ムーア著『キャズム』(翔泳社) より。

いる iPhone でさえ、キャズムを越えるためにクロッシング・ザ・キャズム戦略を駆使しなければ、短命で終わる運命にありました。

　発売当初は販売店に長蛇の列ができるほど初期市場で大成功を収めた iPhone ですが、その後は当初の販売予想を下回り、1か月も経たずに料金プランを値下げして販売のテコ入れ策を実施しました。

　加えて、おサイフケータイやワンセグ、メールで絵文字が使えないなど、アーリー・マジョリティが不満に思う機能を改良して、ようやくキャズムを越え、その後の爆発的なヒットにつなげていったのです。

　多くの企業がキャズムを越えられずに、短命でプロダクトライフサイクルを終える現実に直面したとき、このクロッシング・ザ・キャズム戦略を駆使してイノベーションをスムーズに普及させることが、健全なプロダクトライフサイクルの実現、ひいては企業が持続的な成長を維持し、ビジネスで成功を収めることにつながっていくのです。

クロッシング・ザ・キャズム戦略

- イノベーター（2.5%）
- アーリー・アドプター（13.5%）
- クロッシング・ザ・キャズム戦略
- アーリー・マジョリティ（34.0%）
- レイトマジョリティ（34.0%）
- ラガード（16.0%）

イノベーションの採用時期（早い → 遅い）

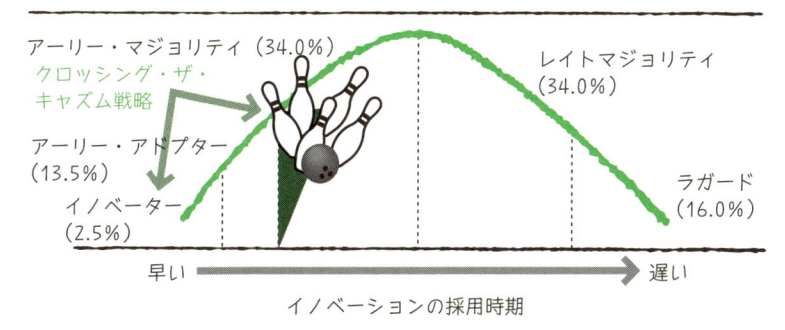

キャズムを越えるためには、イノベーターやアーリー・アドプターに対するマーケティングを実施するとともに、アーリー・マジョリティのニッチ市場の一つを攻略し、次々とニッチ市場を攻略する「ボーリングレーン戦略」を実行に移す

Resting Time

5時間目のまとめ

　僕は最後の講義を振り返って、イノベーションの重要性とその普及のむずかしさを実感した。

　企業として持続的な成長を実現するためには、常に新たな価値を社会に対して提案し続けなければならない。
　ただ、その提案が社会に受け入れられ根づくためには、並大抵の努力ではむずかしいといわざるを得ない。新製品を市場に投入した時間とともに、刻々と変わる消費者グループの特徴を見極めながら、そのときそのときに適した戦略を駆使していかないと、待ち構えている大きな落とし穴に陥って、新たな価値の灯火もそこで消え去ってしまうだろう。

　企業はともすれば、消費者をひとくくりにして考えがちだ。しかし、消費者1人ひとりには製品の購入を決める理由がある。その背景を見抜いたうえで、綿密な販売戦略を考えていかなければならない。

　いかに価値の高いものを生み出したとしても、消費者がその価値を見出せなければ、短期間で新製品は寿命を終えてしまう。
　とくに現代では製品のライフサイクルが短命化している。市場に投入する前から一般に広く普及させることを前提とした戦略をきちんと立てておく必要もあるわけだ。

　僕は、ロジャーズ教授とムーア氏の講義で学んだ「プロダクトライフサイクル」や「イノベーター理論」、そして「キャズム理論」を活用して、大きな落とし穴を事前に察知していこうと思った。

新しく生み出された社会的な価値をより多くの人に普及させることができれば、リーダーとして企業の持続的な成長を実現していく重責も、きっと果たしていくことができるはずだ！

5時間目のノート
<イノベーション>

- ◎企業は持続的な成長を実現するために、新たな価値を社会に提供するイノベーションを追求し続けなければならない。
- ◎イノベーションは、「予期せぬ失敗や成功」「ギャップの存在」「ニーズの存在」「産業構造の変化」「人口構造の変化」「認識の変化」「新しい知識の獲得」という7つの機会から起こすことができる。
- ◎イノベーションによって生み出された新製品は「導入期」「成長期」「成熟期」「衰退期」を経て、その寿命を終える。
- ◎プロダクトライフサイクルではそれぞれの期に応じて消費の主役が変わる。対象に適したマーケティング戦略を実施することで、イノベーションは普及する。
- ◎アーリー・アダプターとアーリー・マジョリティの間には簡単には越えられない大きな溝である「キャズム」が存在する。
- ◎キャズムを越えるためには、イノベーターやアーリー・アダプターに対するマーケティングを実施すると同時に、アーリー・マジョリティのニッチ市場を攻略する必要がある。

夢のビジネススクールの
講義を終えて……

僕はその朝、爽快な気持ちで目を覚ました。
燦々(さんさん)とまぶしい朝日が差し込む窓の外では小鳥がさえずり、いかにも平和な朝の始まりだった。

おそらく昨日と何ら変わらない１日の始まりだったかもしれない。ただ、少なくとも僕の気持ちの中では大きな変化が生まれていた。
夢のようなプログラムを学ぶことによって、自分で自分にリーダー失格の烙印を押す昨日までのネガティブな僕は、もういない。

夢の中で教授たちは、どんな環境にあっても正しい目的と目標を持ち、正しい方向性で努力を行なえば、必ず困難を克服できることを教えてくれた。
いま、僕の目の前にはドラッカー教授もポーター教授もコトラー教授もいないけど、どんな環境にも負けない強い意志と戦略をもったリーダーにふさわしい新しい自分に生まれ変わったような気がしている。

まだまだ上司のように、どんな環境でも的確な判断で成果に結びつけられる能力は身につけていないけれど、夢の中で学んだように、社会のことを真剣に考え、世の中の悩みや欲求を解消すべく真摯に対応すれば、必ず思い通りの成果に結びつくはずだ。
　成果が上がらないと悩んでいる暇があったら、成果が上がる手段を考え、即行動に移していく。そして、場当たり的ではなく、ビジョン達成までの一貫性のあるシナリオを描いた戦略的な行動を続けていけば、いずれはどんな大きな壁でも乗り越えられる。

　夢に出てきた教授たちは、僕にどんなに大きな目標でも臆せず立ち向かっていく勇気を与えてくれたんだ。

　君も、きっと僕のいまの気持ちを理解できるんじゃないかな？

　それじゃあ、いつかどこかで、プロフェッショナルなビジネスパーソンとして活躍する君に会えることを楽しみにしているよ……

おわりに

　決して現実の世界では実現し得ない、超一流の教授陣によるドリーム・ビジネススクールはいかがだったでしょうか？

　ビジネスで成果を上げる人と上げられない人の差は知識の差にあります。
　たとえば、あなたが二次方程式を解く公式を知っていれば、どんな二次方程式の問題が課されても、数分あれば正しい結果を出すことができるでしょう。一方で公式を知らなければ、もしかすると一生答えを出すことすらできないかもしれません。

　ビジネスでも、これと同じことが起こっているのです。

　ビジネスで成果の上がる公式、すなわちフレームワークを身につけているビジネスパーソンはいとも簡単に成果を上げ、そうでないビジネスパーソンは成果を上げるために四苦八苦しているということです。
　このようなビジネスで成果を上げるうえで欠かすことのできないビジネス理論は、"本物"から学ぶ必要があります。
　本書で取り上げた教授陣は各分野の第一人者であり、そのエッセンスを私なりにかみ砕いた内容をお届けしてきましたが、ビジネスに携わる者であれば、ぜひ原著でより深く"本物"に触れていただきたいと思います。

　本書をきっかけに学びを成果につなげる楽しさに気づき、よりレベルの高いビジネス理論を身につけたいという願望がふつふつと心の底から湧き起こってくることを期待しています。

2011年4月

安部　徹也

参考図書

『ドラッカー　365の金言』P.F.ドラッカー著、上田惇生訳、ダイヤモンド社、2005年

『イノベーションと企業家精神』P.F.ドラッカー著、上田惇生訳、ダイヤモンド社、2007年

『創造する経営者』P.Fドラッカー著、上田惇生訳、ダイヤモンド社、2007年

『ポスト資本主義社会』P.Fドラッカー著、上田惇生訳、ダイヤモンド社、2007年

『経営の哲学』P.F.ドラッカー著、上田惇生訳、ダイヤモンド社、2003年

『競争優位の戦略』M.E.ポーター著、土岐坤、中辻萬治、小野寺武夫訳、ダイヤモンド社、1985年

『コトラー&ケラーのマーケティング・マネジメント［第12版］』フィリップ・コトラー、ケビン・レーン・ケラー著、恩藏直人監修、月谷真紀訳、ピアソン桐原、2008年

『コトラーの戦略的マーケティング』フィリップ・コトラー著、木村達也訳、ダイヤモンド社、2000年

『ブルー・オーシャン戦略』W・チャン・キム、レネ・モボルニュ著、有賀裕子訳、武田ランダムハウスジャパン、2005年

『イノベーションの普及』エベレット・ロジャーズ著、三藤利雄訳、翔泳社、2007年

『キャズム』ジェフリー・ムーア著、川又政治訳、翔泳社、2002年

『世界最強の社訓』パトリシア・ジョーンズ、ラリー・カハナー著、講談社、2001年

『プロフェッショナルマネジャー』ハロルド・ジェニーン、アルヴィン・モスコー著、田中融二訳、プレジデント社、2004年

『グロービスMBAマネジメント・ブック［新訂3版］』グロービス経営大学院編著、ダイヤモンド社、2008年

『グロービスMBAマーケティング［新訂3版］』グロービス経営大学院編著、ダイヤモンド社、2009年

『MBA経営戦略』グロービス・マネジメント・インスティテュート編、ダイヤモンド社、1999年

カバーデザイン／冨澤崇（EBranch）
本文レイアウト＆DTP／ムーブ（新田由起子、武藤孝子）
カバー・本文イラスト／百花ミナオ
本文イラスト／鹿野理恵子

安部徹也（あべ　てつや）

1990年、九州大学経済学部経営学科卒業後、現・三井住友銀行に入行。銀行を退職して、2000年、インターナショナルビジネス分野で全米No.1のビジネススクールThunderbirdに留学し、Global MBAを取得する。トップMBA組織であるBΓΣ（ベータ・ガンマ・シグマ）会員。帰国後、経営コンサルティングおよびビジネス教育を提供するMBA Solutionを設立し、代表に就任。主宰する「ビジネスパーソン最強化プロジェクト」では、延べ8万人以上のビジネスパーソンがMBA理論を学ぶ。テレビや新聞など、数々のメディアに多数出演。
著書に『トップMBA直伝　7日でできる目標達成』（明日香出版社）、『「ファイナンス」がスラスラわかる本』（同文舘出版）、『メガヒットの「からくり」』（角川SSC新書）などがある。

ドラッカー、ポーター、コトラーから、「ブルー・オーシャン」「イノベーション」まで
最強の「ビジネス理論」集中講義

2011年5月1日　初版発行
2011年5月20日　第2刷発行

著　者　安部徹也　©T.Abe 2011
発行者　杉本淳一

発行所　株式会社日本実業出版社　東京都文京区本郷3-2-12 〒113-0033
　　　　　　　　　　　　　　　　大阪市北区西天満6-8-1 〒530-0047
　　　　編集部　☎03-3814-5651
　　　　営業部　☎03-3814-5161　振替　00170-1-25349
　　　　　　　　　　　　　　　　　http://www.njg.co.jp/
　　　　　　　　　　　　印刷／厚徳社　　製本／共栄社

この本の内容についてのお問合せは、書面かFAX（03-3818-2723）にてお願い致します。
落丁・乱丁本は、送料小社負担にて、お取り替え致します。

ISBN 978-4-534-04822-6　Printed in JAPAN

日本実業出版社の経営戦略の本

下記の価格は消費税（5%）を含む金額です。

経営戦略ワークブック

河瀬　誠著
定価 2625円（税込）

「会社が元気になる」戦略の立て方・実行法を公開。戦略立案の3ステップ（①戦略方向性の決定→②ビジョンの設計→③計画の具体化）＋アクション（実行）の各段階ですべきことがわかる。

この1冊ですべてわかる
経営戦略の基本

株式会社日本総合研究所
経営戦略研究会著
定価 1575円（税込）

経営（全社・事業）戦略を初めて学ぶ人はもちろん、基本をつかみきれていない人にも最適な入門書。経営戦略の全体像、全社・事業戦略の策定と実施、戦略効果をさらに高めるノウハウまで網羅。

戦略フレームワークの思考法

手塚貞治著
定価 1890円（税込）

最近、ロジカルシンキングや仮説思考を知った人、SWOTや3Cなどの言葉を何となく知っている人……そんな人たちにおすすめするフレームワークを"使いこなす"ノウハウ。

世界一やさしい！
経営戦略のトリセツ［取扱説明書］

西村克己著
定価 1575円（税込）

経営戦略の重要性から策定のしかた、戦略にもとづく具体的計画の立て方・実行までの全体像をシンプルに解説。ストーリー仕立ての構成で、考え方から実践までが理解できる。

定価変更の場合はご了承ください。